Better Reading
SPANISH

Second Edition

Jean Yates, Ph.D.

New York   Chicago   San Francisco   Lisbon   London   Madrid   Mexico City
Milan   New Delhi   San Juan   Seoul   Singapore   Sydney   Toronto

The *McGraw·Hill* Companies

Copyright © 2012 by The McGraw-Hill Companies, Inc. All rights reserved. Printed
in the United States of America. Except as permitted under the United States Copyright
Act of 1976, no part of this publication may be reproduced or distributed in any form
or by any means, or stored in a database or retrieval system, without the prior written
permission of the publisher.

1 2 3 4 5 6 7 8 9 10 11 12 13 14 15   QFR/QFR   1 9 8 7 6 5 4 3 2 1

ISBN   978-0-07-177031-6
MHID   0-07-177031-3

e-ISBN   978-0-07-177032-3
e-MHID   0-07-177032-1

Library of Congress Control Number 2011928615

Interior design by Village Bookworks, Inc.

Copyright credits can be found in the Acknowledgments section on page 262, which
is to be considered an extension of this copyright page.

McGraw-Hill books are available at special quantity discounts to use as premiums and
sales promotions or for use in corporate training programs. To contact a representative,
please e-mail us at bulksales@mcgraw-hill.com.

Other titles in the Better Reading series:

Better Reading French, second edition, Annie Heminway
Better Reading Italian, second edition, Daniela Gobetti
Better Reading English, Jenni Currie Santamaria

This book is printed on acid-free paper.

Contents

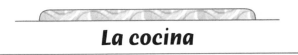

Los deportes

El cine y el teatro

El arte

La familia

El estilo de vida hoy

La historia y la política

Preface

Better Reading Spanish has been developed for English speakers who have a basic to intermediate knowledge of Spanish and is designed to help them read Spanish better and to encourage them to read more.

To read better, we must read more. As an encouragement for beginning readers, I have organized this book according to eight areas of interest: cuisine, music, sports, cinema/theater, art, family, contemporary lifestyles, and history/politics. At least one of these areas should interest the reader immediately, and after that subject is explored, interest in another will follow.

The selections include material that has appeared in newspapers, magazines, books, brochures, and flyers, as well as on the Internet. In addition to recipes, essays, poems, book excerpts, and songs, there are original articles appearing in print for the first time. Some of the online selections have been abridged and edited for accuracy. Selections not otherwise credited were compiled, adapted, or created by the author. While each section's material relates to a topic in Hispanic culture, the section as a whole is not intended to be an overview or summary of the topic. Instead, the selections have been chosen for their broad appeal, their variety, and their likelihood to inspire readers to explore new horizons and to feel confident as they encounter the written word in Spanish in its myriad forms.

Each section begins with selections that are easiest to read, although none of the material has been simplified. The selections become progressively more difficult within each section, and each section ends with a selection written by a contemporary Spanish or Latin-American author who has received critical literary acclaim. Each reading selection is followed by one or more exercises designed to help readers develop skills in understanding what they are reading. The overall goal is to help readers develop reading strategies that will help them understand and benefit from future reading material. If we can read better, we will read more.

How to use this book

One of the joys of reading is that you can read what you want, when you want, however you want.

The format of *Better Reading Spanish* enables you to use, and benefit from, the book in different ways. One approach is to select a topic that interests you, read each of the selections in order, writing the exercises after each one, until you have completed the final, most difficult selection. If you are really interested in this topic, you will probably be able to read the final selection—because you want to and because you have been developing important reading skills that make the material easier to read. Then you may choose another topic that interests you.

A second approach is to read the first, easiest selection in each section, writing the exercises as you go, then progress to the second selection of each section, and so on until you have completed the most difficult selections in the book.

In your approach to an individual selection, first read it in its entirety, then proceed with the exercises, which are designed to help you read without the aid of a dictionary. The exercises encourage development of the following skills:

- *Skimming for general meaning*: reading the entire selection quickly to determine its general purpose and content
- *Scanning for details*: noting headings, references, and other guides to quick information
- *Using word formation to determine meaning*: knowing how prefixes, suffixes, verb endings, and grammatical forms indicate meaning
- *Using cognates to determine meaning*: comparing Spanish words with related words in English
- *Using context to determine meaning*: making educated guesses about the meaning of unfamiliar words by determining their role in the context of a sentence, paragraph, or entire selection
- *Learning idioms and other expressions*: recognizing and learning the meaning of forms that cannot be translated literally
- *Understanding artistic expression*: recognizing literary devices that authors use
- *Rereading for comprehension*: reading an entire selection again to gain greater understanding

Using a dictionary

Looking up every unfamiliar word in a dictionary is tiresome and slows you down, thereby detracting from the pleasure of reading. I suggest the following approach to using a dictionary while reading this book.

- Complete all the exercises for a selection before consulting a dictionary.
- Don't worry if you don't understand every single word; read to get the overall meaning. A rule of thumb is that you look up a word only after you have stumbled over it in three different places.
- Consult a Spanish-Spanish dictionary first: It will give you a broader understanding of how the language works. Keep this dictionary nearby.
- Use a Spanish-English dictionary only as a last resort. Put it in a hard-to-reach place.

La cocina

Guía para la buena alimentación

GUÍA PARA LA **BUENA ALIMENTACIÓN**	Cómo alimentarse para mantener la buena salud: 1. *Coma alimentos de los cinco grupos alimenticios todos los días.* 2. *Coma diferentes alimentos de cada grupo cada día.*				
Todos los días coma:	*Las porciones que se recomiendan*				
Del grupo de la **LECHE** *para el calcio* *2 a 4 porciones*	Leche 1 taza	Queso 1½ a 2 onzas	Yogur 1 taza	Café con leche 1 taza	Helados de crema o leche, yogur congelado ½ taza
Del grupo de la **CARNE** *para el hierro* *2 a 3 porciones*	Carne cocida, sin grasa 2 a 3 onzas	Pollo y pavo cocidos 2 a 3 onzas	Huevo 1	Chícharos y frijoles secos y cocinados ½ taza	Pescado magro cocido 2 a 3 onzas
Del grupo de las **VERDURAS/ VEGETALES** *para la vitamina A* *3 a 5 porciones*	Verduras/vegetales frescos ½ taza	Tomate, papa 1 mediano	Verduras/vegetales de hojas frescas 1 taza	Verduras/vegetales cocidos ½ taza	Plátanos de cocinar ½ mediano
Del grupo de las **FRUTAS** *para la vitamina C* *2 a 4 porciones*	Jugo ¾ taza	Frutas frescas, enlatadas o cocidas ½ taza	Mango, manzana, guineo/plátano, naranja/china 1 mediana	Papaya ½	Uvas 10 a 12
Del grupo de los **GRANOS** *para la fibra* *6 a 11 porciones*	Pan 1 rebanada	Arroz, pasta ½ taza	Cereal cocido ½ taza	Pan de hamburguesa, muffin ½	Tortilla, panecito 1

Adaptada del National Dairy Council®, 1993.

Menú de México

Casa Paco

⚘ Oaxaca ⚘

Entradas frías y calientes	pesos
Quesadillas tradicionales	60
Canasta de chapulines	65
Brocheta de quesos	55
Camarones con aguacate	120

Ensaladas

De frutas	50
De jitomate*	60
De pollo	65
De jamón, pollo y queso	90

Sopas

De elote	40
Sabina (con flor de calabaza y hongos)*	40
Lentejas con plátano frito	40
Sopa del día	40

Pescados y mariscos

Filete de pescado almendrado	135
Camarones rellenos	180
Medallón de camarones (con arroz y verduras)	180
Filete de pescado en hoja de plátano*	150

Rincón oaxaqueño

Pollo en mole negro	75
Dos tamales oaxaqueños	55
Tacos de pollo	65
Pechuga de pollo rellena de huitlacoche	90
Enmoladas de pollo	65

A Write the English equivalent of each of the following words.

1	*número* _____	9	*anterior* _____
2	*personas* _____	10	*fino* _____
3	*tiempo* _____	11	*vinagre* _____
4	*preparación* _____	12	*sal* _____
5	*minutos* _____	13	*parte* _____
6	*ingredientes* _____	14	*momento* _____
7	*tomates* _____	15	*servir* _____
8	*maduros* _____	16	*mover* _____

B What are the two different meanings of the word *fino* in the recipe?

_____   _____

USING CONTEXT TO DETERMINE MEANING

It is important to understand the relationships conveyed by prepositions.

C Write possible English equivalents for the following prepositions.

1	*de* _____	3	*sin* _____
2	*con* _____	4	*en* _____

Most prepositions are best learned in combination with other words, as part of phrases.

D What does *por separado* mean in English? _____

E The recipe lists *tomates, cebolla, pepino,* and *pimiento verde* as ingredients. According to the *elaboración,* in what two categories do these items belong?

_____   _____

F Answer the following questions.

1 If *frío* means "cold," what does *enfriar* mean? _____

2 You put *hielo* in the gazpacho *para enfriarlo*; what is the meaning of *hielo*?

_____

3 You put the gazpacho *en la nevera para enfriarlo*; what is the meaning

of *nevera*? _____

USING WORD ENDINGS TO DETERMINE MEANING

A suffix (an ending added to a word or word root) often tells us the function of the word in a sentence.

-ar/-er/-ir   Indicates the infinitive form of a verb, which is often used when the verb is the subject of a sentence or when it is used after a conjugated verb or after a preposition. (The infinitive form is the one used in dictionary entries.)

-ar   cocinar   **Cocinar** *es divertido.*
                    Cooking is fun.

-er   comer   *Queremos* **comer**.
                    We want **to eat**.

-ir   batir   *Después de* **batir** *la crema,...*
                    After **whipping** the cream, . . .

-ado/-ido   Indicates the participle form of a verb, which is used after *haber* to show that the action has already been completed.

-ado   cocinado   cooked
-ido   comido   eaten
          batido   beaten/whipped/blended

For irregular forms, see page 189.

-ero/-era   Changes a verb to a noun, sometimes used to indicate a person who performs the action indicated.

-ero   *el cocinero* the male cook
-era   *la cocinera* the female cook

This suffix can also change a noun to another noun, one that indicates a receptacle for the original noun.

la sopa   + *-era* → *la sopera*
the soup   the soup tureen

-dor/-dora   Changes a verb to a noun, sometimes used to indicate the person or thing that performs the action indicated.

-dora   *la batidora* the blender

This suffix can also indicate a place where an action occurs.

-dor   *el comedor* the dining room

🔎 *La cocina* may refer not only to the room where food is prepared, but also to the "cuisine" of a particular area.

G Write the English meaning of the following words and phrases.

_____   _____   _____
El cocinero   *cocina*   *la cocina mexicana*

_____ .
en la cocina.

🔎 The participle of a verb may also be used as an adjective to describe a noun.

    congelar   to freeze
    verduras **congeladas**   **frozen** vegetables

H Using the participle form of the verb on the left, complete each Spanish phrase, then write its English meaning on the line below. Remember that an adjective always agrees in gender and number with the noun it describes.

1 *pelar* to peel   *los tomates* _____

_____

2 *mojar* to moisten   *el pan* _____

_____

3 *cocinar* to cook   *las verduras* _____

_____

4 *batir* to beat   *los huevos* _____

_____

5 *cocer* to stew   *las frutas* _____

_____

6 *asar* to grill   *la carne* _____

_____

7 *hervir* to boil   *el agua* _____

_____

🔎 The suffixes *-ante/-ente/-iente* can also change a verb into an adjective.

    calentar (ie)   to heat
    caliente   hot

I Write the English meaning of the following phrases.

1 *picar* to bite/sting/cut   *comida picante*   _____

2 *hervir (ie)* to boil   *agua hirviente*   _____

🔍 *Bien* after a verb usually means "in a satisfactory way." *Bien* before an adjective usually means "very."

> *La comida está **bien** picante.*   The food is **very** spicy.
> *Marta cocina **bien**.*   Marta cooks **well**.

J   Write the English meaning of the following sentences.

1   *Los niños comen bien.*

_____

2   *La sopa está bien fría.*

_____

3   *La comida está bien caliente.*

_____

🔍 The prefix *re-* before a verb often means "again." *Re-* before an adjective, including a participle used as an adjective, usually means "excessively."

K   Write the English meaning of the following phrases.

1   *pan remojado*   _____

2   *frijoles refritos*   _____

3   *recalentar la sopa*   _____

L   Complete the following sentences by writing the English equivalent of the Spanish words and phrases.

1   The *tomates* should be *maduros*, _____ and *sin*
                                            pelados

  _____ . The _____ is from
  semillas   *pan*

  _____ , and it is broken up into _____ ,
  el día anterior   *migas*

  which have been _____ . La *sopa* is served from
                      remojadas en agua

  a _____ .
    sopera

2   Since the *gazpacho* is served _____ , it is put into the
                          muy frío

  _____ until ready to serve. To keep it cold, you add
  nevera

  _____ of _____ _____ .
  trozos   *hielo*   *al último minuto*

READING DIRECTIONS IN SPANISH

The directions in this recipe (and throughout this particular cookbook) are given with verbs in the command form. Directions can also be given with verbs in the infinitive form, as in the recipe for *Pastel de piña* on page 15.

M Write the infinitive form of each of the verbs that give directions in the recipe.

1 *ponga* _____ 4 *mueva* _____

2 *bata* _____ 5 *sirva* _____

3 *meta* _____

Another common way of giving directions is to use *se* + the third-person form of the verb. The verb is singular when followed by a singular noun, and plural when followed by a plural noun.

se corta el tomate
se cortan los tomates

N Write the following directions using the *se* construction.

1 *poner las hortalizas en la batidora*

_____

2 *batir la mezcla*

_____

3 *meter la mezcla en la nevera*

_____

4 *poner unos cubitos de hielo en el gazpacho*

_____

5 *mover el gazpacho*

_____

6 *servir el gazpacho*

_____

Piña

Ananás (*Ananas sativus*)

Por un error garrafal la llamamos piña. Su verdadero nombre lo olvidamos hace más de cinco siglos en la salvaje confusión que fue la conquista de América. Se llamaba *ananás*, que en el lenguaje guaraní y en su sitio de origen significa "fruta exquisita". Para los pueblos precolombinos esta fragante fruta era parte de la vida diaria y del paisaje; la cultivaban cuidadosamente en hileras en sus jardines y heredades, conocían sus poderes medicinales, preparaban vino y chicha con ella y acompañaban a los muertos en sus largos viajes a la eternidad.

Cuando Colón llegó al Nuevo Mundo, los nativos se la ofrecieron como gesto de bienvenida y hospitalidad; a los españoles se les pareció a la bellota del pino europeo y, como venían en ánimo de bautizar todo lo que tenían por delante, la llamaron piña.

El descubrimiento de América provocó una febril búsqueda de tesoros y parte del botín fueron sus animales y plantas. «Estas cosas de la Nueva Castilla son en sí tan grandes e tan apartadas e tan nuevas y tan importantes e tan desviadas y peregrinas», le escribía el cronista Gonzalo Fernández de Oviedo a su rey. «La piña es una de las más hermosas fructas que yo he visto en todo el mundo que he andado. Da holgura a la vista, suavidad de olor, gusto de excelente sabor y entre todas las fructas la que mejor huele y que mejor sabor tiene. Esta fructa despierta el apetito, pero tiene un problema, que el vino bebido tras la piña no sabe bien».

La piña fue llevada a España como testimonio de «esas cosas tan desviadas y peregrinas» y siendo tan placentera y sabrosa y tan fácil su dispersión y cultivo, pronto cruzó en galeones y carabelas los mares del mundo y llegó al África, a Madagascar, a China, a Java, a la India y a las Filipinas donde se propagó rápidamente. Poco se imaginaron los nativos la transformación que su fragante fruta iba a sufrir con las necesidades, la ingeniosidad y los sueños de otros pueblos.

Clara Inés Olaya, *Frutas de América tropical y subtropical, historia y usos*, pp. 64–66, 74.

Pastel de piña

2 tazas de harina de trigo
¾ de taza de mantequilla
⅓ de taza de azúcar
1 piña
½ de taza de azúcar
½ de taza de jerez

Para la base del pastel, mezclar la harina, la mantequilla y ⅓ de taza de azúcar con agua helada. Hacer una bola y extender sobre un molde. Cocinar en horno caliente a 400° por 10 minutos. Cortar la piña en trozos pequeños y cocinar a fuego lento con el jerez y la ½ taza de azúcar hasta que la piña suavice. Subir la llama y cocinar hasta espesar y dorar. Verter sobre la base del pastel y hornear. Cubrir con crema batida y servir de inmediato.

EJERCICIOS

SKIMMING FOR GENERAL MEANING

A Get an overall idea of what this selection is about by making some preliminary observations, as follows.

1 What is the title of the book from which the selection is taken (and the meaning of the title in English)?

_____

_____

2 What is the title of the selection (and the meaning of the title in English)?

_____

3 The main text is accompanied by *una* _____ *para la*

preparación de _____ .

4 Do the verb endings in the main text indicate past, present, or future time?

_____

5 What do the following expressions indicate?

   a *la conquista de América* _____

   b *los pueblos precolombinos* _____

   c *el Nuevo Mundo* _____

d *los españoles* _____

e *el descubrimiento de América* _____

f *Nueva Castilla* _____

g *le escribía el cronista... a su rey* _____

B The following Spanish words have English cognates. Write the English equivalent of each word.

Nouns (*Sustantivos*)

1 *error* _____ 8 *nativo* _____

2 *animal* _____ 9 *gesto* _____

3 *lenguaje* _____ 10 *tesoro* _____

4 *origen* _____ 11 *planta* _____

5 *fruta* _____ 12 *testimonio* _____

6 *parte* _____ 13 *cultivo* _____

7 *jardín* _____

Adjectives (*Adjetivos*)

1 *salvaje* _____ 4 *diaria* _____

2 *exquisita* _____ 5 *medicinal* _____

3 *fragante* _____ 6 *importante* _____

Verbs (*Verbos*)

1 *acompañar* _____ 3 *sufrir* _____

2 *ofrecer* _____

Adverb (*Adverbio*)

1 *rápidamente* _____

USING WORD ENDINGS TO DETERMINE MEANING

C Many English nouns that end in "-tion/-sion" have cognates in Spanish that end in -*ción*/-*sión*. These nouns are always feminine.

1 What nouns of this type appear in this selection?

_____   _____   _____

2 Change the following verbs to -*ción* nouns, indicating their gender with *la*.

a *cultivar*   _____

b *preparar*   _____

c *provocar*   _____

d *propagar*   _____

e *imaginar*   _____

D Many English nouns that end in "-ity" have cognates in Spanish that end in -*dad*. These nouns are also feminine. What nouns of this type can you find in the selection?

_____   _____   _____

_____   _____   _____

E The verb endings -*ía*/-*ían* and -*aba*/-*aban* can describe what people did repeatedly or habitually in the past. What verbs in the first paragraph indicate this type of activity?

_____   _____   _____

_____   _____

F What verb form is used for the directions in the recipe?

_____

El cumpleaños de Frida Kahlo

Frida fue distribuyendo en las mesas jarros con un sabroso caldo de camarón. Se habían preparado cuatro enormes cazuelas poblanas de arroz con carne de cerdo, nopales en pipián verde, estofado de frutas y pollitos a la piña. En los platones se encontraban pescado blanco de Pátzcuaro, manitas de cerdo, pechugas de pollo en escabeche y ropa vieja. Tampoco podían faltar las grandes ensaladeras, una con nopalitos, cebolla, jitomate y queso desmoronado, y la otra con lechugas romanas revueltas con berros, aguacates partidos, jitomates y cebolla. En platos de barro se dispusieron varias salsas: borracha, mexicana, de tomate con cilantro y de chile cascabel con jitomate asado.

Los postres ocupaban los centros de las mesas. Había, además de dulce de camote con piña, natillas y flan de piñón, cazuelas llenas de los tradicionales dulces mexicanos, de esos que venden todavía en el mercado de La Merced. A Frida le gustaban especialmente los merengues, los muéganos, las trompadas y las charamuscas, pues le recordaban su infancia, cuando, al salir de la escuela, podía jugar un volado con su dulcero favorito y ganar dos o tres de estos apetitosos manjares infantiles. Obvio es decir que los muéganos, en especial, abundaban en la mesa; Frida había decidido darse su propio regalo de cumpleaños comprándolos por montones.

Dulce de camote con piña

(8 personas)

    2 kilos de camote amarillo
    1 piña mediana pelada
    2 tazas de azúcar
150 gramos de piñones

Los camotes se cuecen hasta que estén suaves, se dejan enfriar un poco, se pelan, se pasan por el prensapapas y se miden 3 tazas de

Guadalupe Rivera Marín y Marie-Pierre Colle Corcuera, *Las fiestas de Frida y Diego, recuerdos y recetas*, pp. 204–5, 215–16.

puré. La piña se licua, se cuela y se miden 3 tazas. Se mezcla el jugo de piña con el azúcar y se pone sobre la lumbre hasta obtener una miel espesa (104° C o 220° F en el termómetro especial para dulces). Se añade el camote y se deja sobre la lumbre hasta que se vea el fondo de cazo. Se vierte en el platón de servicio y se adorna con los piñones bien lavados y secos.

EJERCICIOS

SKIMMING FOR GENERAL MEANING

A Determine the purpose of this selection by observing its title and source, then complete the following sentence.

The titles of this selection and the book from which it is taken indicate that

this selection is about _____ .

B Complete the following exercise.

1 *Arroz con carne de cerdo* is one of four dishes served in a *cazuela.*
Name the other three.

_____ _____

_____

2 Name the dishes served on *platones.*

_____ _____

_____ _____

3 The *ensaladas* are served on _____ and include one salad

made with _____ , _____ ,

_____ , and _____ , and another salad made

with _____ , _____ , _____ ,

_____ , and _____ .

4 The *salsas* are served on _____ and include

_____ , _____ ,

_____ , and _____ .

5 The *postres* have been placed _____ and

include _____ , _____ , and

_____ , plus *tradicionales dulces mexicanos* presented

in _____ .

6 *Los merengues, los muéganos, las trompadas,* and *las charamuscas* are

_____ .

USING CONTEXT TO DETERMINE MEANING

C Write what has been done to each of the following ingredients, based on the participle in bold type that follows it.

1 *queso* **desmoronado** _____

2 *aguacate* **partido** _____

3 *lechugas* **revueltas** _____

4 *jitomate* **asado** _____

D Write the meaning of each word or phrase that appears in bold type.

1 *apetitosos* **manjares** *infantiles* _____

2 **estofado** *de frutas* _____

3 **manitas** *de cerdo* _____

4 **pechugas** *de pollo* _____

5 *los camotes* **se cuecen** *hasta que estén suaves* _____

6 **se miden** *tres tazas* _____

7 *la piña se licua,* **se cuela** _____

8 *se pone sobre* **la lumbre** _____

9 *hasta obtener una miel* **espesa** _____

E What kind of dish do you think would be called *"ropa vieja"*?

_____

F Complete the following sentence.

When Frida was a child, she used to _____
                                                    jugar un volado

with her favorite _____ in order to get
                              dulcero

_____ .
dos o tres de estos apetitosos manjares

FORMING COMPOUND WORDS

G Write the correct Spanish compound word with its definite article, then write its English meaning.

VERB	NOUN	COMPOUND WORD	ENGLISH MEANING
abrir	*lata*	el abrelatas	can opener
1 *abrir*	*botella*	_____	bottle opener
2 *lavar*	*plato*	_____	_____
3 *parar*	*agua*	_____	_____

4 What did Frida use to purée the *camote*?

_____ _____

DESCRIBING A CONTINUING ACTIVITY WITH A VERB + GERUND

Spanish uses certain verbs followed by a gerund to indicate a continuing activity.

ir* + *-ndo

*El muchacho **va recogiendo** piedras.*	The boy **goes along picking up** rocks.

andar* + *-ndo

*El joven **anda silbando** por la calle.*	The boy **goes** down the street **whistling**.
*La chica **anda diciendo** que es mi novia.*	The girl **goes around saying** she's my girlfriend.

seguir* + *-ndo

*La mamá **sigue cocinando**.*	The mother **continues to cook**.
*Los chicos **siguen hablando**.*	The kids **keep on talking**.

H Write the meaning of the phrase that appears in bold type.

"*Frida **fue distribuyendo** jarros…*" _____

Pastel chabela

Ingredientes
175 gramos de azúcar granulada de primera
800 gramos de harina de primera, tamizada tres veces
 17 huevos
 Raspadura de un limón

Manera de hacerse
En una cacerola se ponen 5 yemas de huevo, 4 huevos enteros y el azúcar. Se baten hasta que la masa espesa y se le anexan 2 huevos enteros más. Se sigue batiendo y cuando vuelve a espesar se le agregan otros 2 huevos completos, repitiendo este paso hasta que se terminan de incorporar todos los huevos, de dos en dos. Para elaborar el pastel de boda de Pedro con Rosaura, Tita y Nacha habían tenido que multiplicar por diez las cantidades de esta receta pues en lugar de un pastel para dieciocho personas tenían que preparar uno para ciento ochenta. ¡El resultado da 170 huevos! Y esto significaba que habían tenido que tomar medidas para tener reunida esta cantidad de huevos, de excelente calidad, en un mismo día.

Para lograrlo fueron poniendo en conserva desde hacía varias semanas los huevos que ponían las gallinas de mejor calidad. Este método se utilizaba en el rancho desde época inmemorial para proveerse durante el invierno de este nutritivo y necesario alimento. El mejor tiempo para esta operación es por los meses de agosto y septiembre. Los huevos que se destinen a la conservación deben ser muy frescos. Nacha prefería que fueran del mismo día. Se ponen los huevos en una vasija que se llena de cebo de carnero derretido, próximo a enfriarse, hasta cubrirlos por completo. Esto basta para garantizar su buen estado por varios meses. Ahora que si se desea conservarlos por más de un año, se colocan los huevos en una orza y se cubren con una lechada de un tanto de cal por diez de agua. Después se tapan muy bien para interceptar el aire y se guardan en la bodega. Tita y Nacha habían elegido la primera opción pues no necesitaban conservar los huevos por tantos meses. Junto a ellas, bajo la mesa de la cocina,

Laura Esquivel, *Como agua para chocolate*, pp. 30–32.

tenían la vasija donde los habían puesto y de ahí los tomaban para elaborar el pastel.

El esfuerzo fenomenal que representaba el batir tantos huevos empezó a hacer estragos en la mente de Tita cuando iban apenas por los cien huevos batidos. Le pareció inalcanzable llegar a la cifra de 170.

EJERCICIO

USING YOUR READING SKILLS

- Skim for the general idea.
- Scan for details.
- Recognize cognates.
- Use word endings to identify parts of speech and understand a word's role in a sentence.
- Examine the context of unfamiliar words to guess overall meaning.

A Answer the following questions.

1 *¿Quiénes cocinan?* _____

2 *¿Qué preparan?* _____

  ¿Para qué lo preparan? _____

3 *¿Para cuántas personas es?* _____

4 *¿Cuántos huevos necesitan?* _____

5 *Para conservar los huevos, ¿en qué se ponen?* _____
  _____

6 *¿Cuáles son los mejores meses para hacer esta operación?*
  _____

7 *¿Ésta es una receta auténtica o de fantasía?* _____

8 *De las recetas que has leído en esta sección, ¿cuál te apetece más?*
  _____

La música

Discos

30 canciones en la mochila
Labordeta. Fonomusic
3.675 ptas.

Este doble disco contiene una selección de los temas más conocidos del cantautor aragonés. Un trabajo cargado de compromiso social.

Son del Sur, Vol.2
EMI
2.995 ptas.

Un repertorio perfecto para estar al día en lo que a flamenco se refiere, con artistas como Tomatito, Navajita Plateá, Chano Lobato y Remedios Amaya.

Peces de ciudad
Ana Belén. BMG/Ariola
2.695 ptas.

Un sinfín de sentimientos aderezados con buenas letras y hermosas melodías. Ana Belén vuelve a demostrar que todo lo que hace siempre sabe a éxito.

Buenos Días
EMI
2.595 ptas.

Más que música para despertar, este disco resulta más apropiado para momentos de relajación. Suaves sinfonías para escuchar con los ojos cerrados.

Tsanca. Tierra Virgen
Sergio L. González. Ingo
3.495 ptas.

Después de muchos años dando conciertos y componiendo para otros artistas, el cantautor publica su primer disco. Un viaje a América latina al son de ritmos étnicos.

Exciter
Depeche Mode. Virgin
2.795 ptas.

Tras The Singles, un disco que recopilaba sus grandes éxitos, Depeche Mode inicia una nueva etapa creativa con sonidos diferentes y ritmos más variados.

Cambio 16, 18 de junio de 2001, p. 75.

EJERCICIO

SKIMMING FOR GENERAL MEANING

A Answer the following questions.

1 What are CDs called in Spanish? _____

2 Which of these CDs has a selection of flamenco music?

_____

3 Is *"Buenos Días"* good for waking up or winding down?

_____

4 Which CD demonstrates a new, creative period for the musicians?

_____

5 Which two of these CDs represent singers who write their own songs?

_____   _____

6 Which of these is a first CD for the artist? _____

7 Which artist has been continuously successful with good lyrics and beautiful melodies? _____

8 Which of these CDs represents a "best of" selection?

_____

La música y vitalidad de Compay Segundo

Con la película y el disco de "Buena Vista Social Club" ha surgido un nuevo interés en la música del son cubano y en su intérprete más destacado, Compay Segundo. Este cantante, compositor e inventor (creó un instrumento nuevo, el armónico, que es híbrido de la guitarra y el tres), se hizo famoso años atrás, primero como la mitad del dúo Los Compadres, luego como miembro del conjunto Matamoros, en el que tocó junto a Benny More.

Pensando que su música ya estaba fuera de moda, cambiada por los ritmos modernos, este gran músico permaneció más de 15 años sin entrar en los estudios de grabación, dejando a sus contemporáneos, que lo veneraron cuando eran jóvenes, conformarse con escucharlo en discos. Cuando tenía 94 años, estaba más animado que nunca, anunció nuevos proyectos artísticos y además, su deseo de tener un sexto hijo. «Si estoy mal de salud, no hay un cubano vivo en la isla. Mi segundo tiempo lo he logrado a los 94 años, y cuando llegue a la edad de mi abuela (115), yo voy a pedir prórroga», afirmó. Tristemente, este gran músico no alcanzó la edad de su abuela, sino que murió a la edad de 95 años, de insuficiencia renal.

Los musicólogos de este país caribeño insisten en que el son cubano es la base de la moderna salsa. Puede ser. Lo cierto es que Compay Segundo y sus canciones más famosas—"Chan Chan", "La Negra Tomasa" y "Las Flores de la Vida"—ya son reconocidas y queridas en el mundo entero.

EJERCICIOS

SKIMMING FOR GENERAL MEANING

A Read the selection quickly, then answer the following questions.

1 Whom is this selection about? _____

2 Where was he born? _____

Adaptada de un artículo de www.EsMas.com.

3 How old was he when he died? _____

4 What did he do?

_____

5 What are his three best-known pieces?

_____   _____

_____

6 What precipitated a resurgence of interest in the Cuban sound?

_____

USING COGNATES TO DETERMINE MEANING

B The following Spanish words have English cognates. Write the English equivalent of each one.

Nouns (*Sustantivos*)

1	*la música*	_____	11	*el miembro*	_____
2	*la vitalidad*	_____	12	*el ritmo*	_____
3	*el disco*	_____	13	*el músico*	_____
4	*el interés*	_____	14	*el estudio*	_____
5	*el compositor*	_____	15	*el contemporáneo*	_____
6	*el inventor*	_____	16	*el proyecto*	_____
7	*el instrumento*	_____	17	*el tiempo*	_____
8	*el híbrido*	_____	18	*el musicólogo*	_____
9	*la guitarra*	_____	19	*la base*	_____
10	*el dúo*	_____			

Adjectives (*Adjetivos*)

1	*famoso*	_____	5	*caribeño*	_____
2	*moderno*	_____	6	*reconocido*	_____
3	*animado*	_____	7	*entero*	_____
4	*segundo*	_____			

Verbs (*Verbos*)

1	*crear*	_____	4	*afirmar*	_____
2	*venerar*	_____	5	*insistir*	_____
3	*anunciar*	_____			

C The following words, which do not appear in the selection, have cognates in English. Write the English cognate, then find a word in the selection that most likely has a similar meaning; write this word in the last column.

	SPANISH WORD	ENGLISH COGNATE	WORD IN SELECTION WITH SIMILAR MEANING
1	*filme*	_____	_____
2	*grupo*	_____	_____
3	*extensión*	_____	_____
4	*famoso*	_____	_____
5	*aparecer*	_____	_____
6	*satisfacerse*	_____	_____

D Read the following sentences, then write the meaning of each word or phrase that appears in bold type.

1 *El armónico es híbrido de la guitarra y el* **tres**. _____

2 *Se hizo famoso unos años* **atrás**. _____

3 *Como miembro del conjunto Matamoros,* **tocó junto a** *Benny More.*

_____

4 *Pensó que su música fue* **cambiada por** *ritmos modernos.*

_____

5 *El músico* **permaneció** *15 años sin hacer un disco.* _____

6 *Hacen los discos en los estudios de* **grabación**. _____

Los premios Grammy Latinos

¿Es posible definir la música latina como un solo género? Claro que no. Los tipos de música varían muchísimo, tanto que sería imposible clasificarlos de una manera definitiva. Hay géneros de música que son típicos de una región, como el mariachi mexicano y el tango argentino. Hay música folclórica que refleja la tradición de culturas étnicas y música popular que representa lo popular de cada década. Hoy en día está bastante de moda la fusión, es decir, la mezcla de un tipo de música con otros. Cada género merece reconocimiento y es difícil comprender cómo puede competir para un premio un género con otros distintos.

Sin embargo, para el premio anual de los Grammy Latinos, que se realiza cada año en Los Ángeles, California, compiten representantes de diversos tipos de música que no parecen tener nada que ver el uno con el otro. En concreto, entre las nominaciones de este año se encuentran, entre otros muchos, los nombres de Plácido Domingo, el magnífico tenor de ópera; Pepe Aguilar, el actual gigante de la canción ranchera mexicana; el rockero colombiano Juan Esteban Aristizabal, mejor conocido por sus aficionados como "Juanés", la atractiva joven neoyorquina Christina Aguilera, que canta pop-R&B; la romántica brasileña Bebel Gilberto, cantante de voz suave y seductiva; el Sindicato Argentino del Hip Hop; y Luis Miguel, maestro mexicano del bolero. También estará en el espectáculo el famoso cantante melódico de España, Julio Iglesias, pero no como nominación, sino como un tributo a sus logros profesionales y filantrópicos. Al parecer, lo único que tienen en común estos músicos es que hablan español, o por lo menos, sus padres o abuelos lo hablaban.

En todo caso, el espectáculo de los premios Grammy Latinos ofrece una gran oportunidad para conocer a los músicos y los géneros nuevos de la rica y diversa población hispana.

EJERCICIOS

SCANNING FOR DETAILS

A List the musicians mentioned in this selection, then write the type of music each performs.

MÚSICO   *GÉNERO DE MÚSICA*

1 _____   _____

2 _____   _____

3 _____   _____

4 _____   _____

5 _____   _____

6 _____   _____

7 _____   _____

8 _____   _____

B How many countries are represented by musicians mentioned in this

selection? _____

USING COGNATES TO DETERMINE MEANING

C Write the English equivalent of the following words.

Nouns (*Sustantivos*)

1 gigante   _____   6 tributo   _____

2 representante _____   7 rockero   _____

3 tenor   _____   8 nominación   _____

4 ópera   _____   9 población   _____

5 tipo   _____   10 oportunidad   _____

Adjectives (*Adjetivos*)

1 posible   _____   5 romántico   _____

2 anual   _____   6 filantrópico   _____

3 profesional   _____   7 rico   _____

4 diverso   _____   8 seductivo   _____

Verbs (*Verbos*)

1 *nominar* _____   5 *definir* _____

2 *opinar* _____   6 *competir* _____

3 *mezclar* _____   7 *incluir* _____

4 *ofrecer* _____

> Beware of "false cognates"—words that look similar but have different meanings in English and Spanish. Following are Spanish words with their English meaning.
>
> | | |
> |---|---|
> | *verdadero* | actual |
> | *realmente* | actually |
> | *actual* | current/present |
> | *actualmente* | currently |
> | *corriente* | ordinary |
> | *un espectáculo* | a show |

D Complete the following sentences.

1 *Pepe Aguilar es el* _____ *gigante de la canción ranchera.*
                     current

2 *Vamos a ver el* _____ *en la televisión.*
               show

3 *Él es* _____ *un gran cantante.*
        actually

4 *Él no es un cantante* _____.
                 ordinary

USING WORD ENDINGS TO DETERMINE MEANING

> The suffix *-nte* can indicate a person who performs a certain action.
>
> | | | |
> |---|---|---|
> | *cantar* | to sing | *el cantante*   male singer |
> | | | *la cantante*   female singer |

E Using the same pattern as above, complete the following sentences.

1 *Christina Aguilera **representa** a Nueva York. Ella es*

   _____ *de Nueva York.*

2 *Carlos **preside** en todas las reuniones del club. Carlos es*

   _____ *del club.*

3 *Los brasileños **residen** en Brasil. Los brasileños son* _____

   de Brasil.

4 *Las personas que **inmigran** a un país son* _____.

5 *Mi madre **ayuda** al médico. Es su mejor* _____.

🔍 English nouns that end in "-tion/-sion" often have cognates that end in *-ción/-sión* in Spanish. These nouns are always feminine. In the singular, these nouns have a written accent, which is dropped when they are made plural.

F Write the Spanish equivalent of the following English nouns.

1 the population   _____

2 the nominations   _____

3 the position   _____

4 the attractions   _____

5 the section   _____

6 the representation   _____

7 the organizations   _____

8 the competition   _____

USING CONTEXT TO DETERMINE MEANING

G The following three sentences have the same basic meaning.

> *La música rap es muy **distinta** de la música clásica.*
> *La música rap y la música clásica **no tienen nada en común**.*
> *La música rap **no tiene nada que ver** con la música clásica.*

1 The word *distinto* in isolation looks like "distinct." However, when you read it in the context of the first example above, you can guess that it means

_____ .

2 Write the English equivalent of each sentence above.

_____

_____

_____

3 The word *premio* in isolation looks a lot like "premium." When read in the context *los premios Grammy,* you know that it means _____ .

4 The word *logros* gives no real clue to its meaning. However, from the context *como un tributo a sus logros profesionales y filantrópicos* you can conclude that it means _____ .

Los Rabanes

Oriundos de la ciudad de Chitré, Panamá, ubicada en la provincia de Herrera, a aproximadamente tres horas de distancia de la ciudad capital, estos jóvenes talentosos han sido galardonado con el primer premio Grammy Latino en la categoría Mejor Álbum de Rock Vocal Dúo o Grupo por su producción *Kamikaze*.

La banda la componen Emilio Reguiera, Christian Torres y Javier Saavedra, tres inquietos músicos que, aunque hacen todos sus arreglos ellos mismos, cuando graban, contratan músicos invitados para completar la instrumentación. Han sido autodidactas, es decir, músicos "de oído", dedicados a ir a los escenarios y a resaltar los ritmos que les gustan con una mezcla de ritmos duros de rock y otros ritmos. Identifican a su música como un ritmo animal muy cambiante y sin límites. A la música le ponen lo autóctono panameño como el calipso, y le agregan el reggae, el son haitiano, la salsa, el ritmo cubano, la ska, el rap, el hip hop, el spanglish y el merengue house.

Los tres músicos, que aún conservan su naturalidad y sencillez, han realizado presentaciones en México, Puerto Rico, Estados Unidos (Chicago, Nueva York, Los Ángeles) y en Europa, logrando el reconocimiento y aceptación del público juvenil que se magnetiza y entra en un estado de histérica alegría con su singular estilo. Cuentan con la ayuda de uno de los productores más reconocidos y exitosos del ambiente musical, Emilio Stefan, y esperan seguir con su éxito en el mercado internacional.

EJERCICIOS

SKIMMING FOR GENERAL MEANING

A Read the entire selection without the aid of a dictionary, then answer the following questions.

1 Where are *Los Rabanes* from? _____

2 What prize have they been awarded, and for what album?

_____

Adaptada de Maribel de Villareal, "Desde Panamá Los Rabanes al Grammy Latino", Diarionet.

3   How many are in the group, and what are their names? _____

_____

4   What rhythms do they mix to achieve their unique sound?

_____

5   Where have they performed (other than in their native country)?

_____

6   What is their manager's name? _____

USING FORM AND CONTEXT TO DETERMINE MEANING

B   The words below are difficult to define in isolation. However, when we look
at their forms and at the words around them, we can make good guesses
at their meaning.

1   **oriundos**
The -*os* ending shows that it is a masculine plural noun or adjective.
We can link it to the nearest masculine plural noun found in the sentence,
jóvenes, and determine that it describes that noun. With this information,
plus the context *oriundos de la ciudad de Chitré*, we figure out that

oriundos means _____ .

2   **ubicada**
The ending -*ada* tells us that the word is an adjective derived from the
participle; since it is feminine singular, it refers to the preceding feminine
singular noun, *ciudad de Chitré*. With this information, plus the context
ubicada en la provincia de Herrera, we decide that *ubicada* means

_____ .

3   **entrega**
The ending -*a* indicates that this could be a third-person singular verb or a
feminine singular noun or adjective. Because it immediately follows an article
+ adjective, *la segunda*, we determine that it is a noun. From this information
and from the words that follow (*del Grammy Latino*), we infer that *entrega*

means _____ .

4   **autóctono**
The -*o* ending could indicate a masculine singular noun or adjective.
However, its occurrence after *lo* marks it as an adjective used as an abstract
noun, modified by *panameño*. With the example of *el calipso* as *lo autóctono*

panameño, we guess that *autóctono* means _____ .

5   **logrando**
The ending -*ndo* indicates that this is the gerund form of the verb *lograr*,
used to show action in progress. The context *logrando reconocimiento
y aceptación* shows that *logrando* probably means

_____ .

Del Gado y la música andina

La ciudad sagrada de Machu Picchu ("vieja montaña" en quechua) es uno de los emblemas de los Andes (Patrimonio de la Humanidad de la UNESCO). Es una antigua ciudadela inca situada a 2350 metros de altura en Perú.

Fue en esas tierras andinas de aquella civilización excepcional de los incas donde se elaboró esa música tradicional que tocamos Timo y yo (o en grupo de 4 músicos) en nuestros conciertos. Las raíces de esta música se hallan por lo tanto en lo más hondo del alma india. Las alegrías de los quechuas, sus penas, sus fiestas, sus bailes, todo es música para ellos. La originalidad de su sonoridad viene de los instrumentos que los indios crean a su imagen con los materiales de su entorno: la caña y la madera. De ahí viene esa verdadera hondura y autenticidad.

Desde niñito, les tengo la máxima estima y cariño a los amerindios. Me gusta este pueblo, en otra vida fui indio, quizás... Durante este concierto, quiero compartir con ustedes sus vibraciones, su humanidad, su fraternidad, su relación de proximidad con la naturaleza... del "Espíritu Mayor"("Waka Tanka", como lo llaman los amerindios del norte) para estar en comunión con este pueblo para intentar "alcanzar la inasequible Harmonía".

Del Gado is of Spanish descent. He lives and performs Andean music in France. To read more about Del Gado, go to www.del-gado.com.

EJERCICIOS

USING COGNATES TO DETERMINE MEANING

A Spanish nouns ending in *-dad* or *-idad* are often related to English words that end in "-ity." These Spanish words are always feminine in gender. There are several such words in the selection. Write them below, then write their English equivalents.

SPANISH NOUNS	ENGLISH NOUNS
1 _____	_____
2 _____	_____
3 _____	_____
4 _____	_____
5 _____	_____
6 _____	_____
7 _____	_____

B Spanish nouns ending in *-ción* are often related to English words that end in "-tion." These Spanish nouns are always feminine in gender. Note that they always have a written accent in their singular form, but no accent when *-es* is added to make them plural. There are several such words in the selection. Write them below, then write their English equivalents.

SPANISH NOUNS	ENGLISH NOUNS
1 _____	_____
2 _____	_____
3 _____	_____
4 _____	_____

There are two adjectives that end in *-cional*. Write them below, then write their English equivalents.

SPANISH ADJECTIVES	ENGLISH ADJECTIVES
5 _____	_____
6 _____	_____

__C__ Below are other cognates found in the selection. Write their English
equivalents.

SPANISH MASCULINE NOUNS   ENGLISH NOUNS

1 *el concierto*   _____

2 *el emblema*   _____

3 *el espíritu*   _____

4 *el grupo*   _____

5 *el instrumento*   _____

6 *el material*   _____

7 *el metro*   _____

8 *el músico*   _____

9 *el norte*   _____

10 *el patrimonio*   _____

SPANISH FEMININE NOUNS   ENGLISH NOUNS

11 *la estima*   _____

12 *la harmonía*   _____

13 *la imagen*   _____

14 *la montaña*   _____

15 *la música*   _____

16 *la naturaleza*   _____

SPANISH ADJECTIVES   ENGLISH ADJECTIVES

17 *andina*   _____

18 *inca*   _____

19 *india*   _____

20 *máxima*   _____

21 *sagrada*   _____

22 *situada*   _____

SPANISH ADVERB   ENGLISH ADVERB

23 *durante*   _____

SPANISH VERBS   ENGLISH VERBS

24 *crear*   _____

25 *elaborar*   _____

USING CONTEXT TO DETERMINE MEANING

The discourse marker *por lo tanto* means "therefore" in English. Let's look at a sentence from the selection that contains this marker: *Las **raíces** de esta música **se hallan** por lo tanto en lo más **hondo** del **alma** india.* Assume that the words marked in bold type are unfamiliar to you, and substitute blank spaces for them, as follows:

Las _____ de esta música _____ por lo tanto en lo más _____ del _____ india.

It's a little difficult to guess what words go in the blanks, but you may not need to look all of them up in a dictionary. Start with the subject, *raíces*: Look up *raíz,* and you will find that it means "root" in English. You may be able to guess—by relating this sentence to the previous one and the one that follows—that the next blank could be filled with the Spanish equivalent of "are found," and the ones that follow with the Spanish equivalents for "deepest part" and "soul." Try to limit the number of words you have to look up. Look up the unknown nouns first, then the verbs. To really increase your vocabulary, use a Spanish-Spanish dictionary first, and only resort to using a Spanish-English dictionary when it's absolutely necessary.

Tomatito

«No entiendo el nuevo flamenco»

El nuevo disco de José Fernández Torres, *Tomatito* (Almería, 1958), vuelve a ofrecer flamenco del bueno, con alguna que otra sorpresa, como una *canción turca* acompañada de orquesta, y una rumba en la que toca junto al famoso jazzista George Benson. Y no faltan, por supuesto, las bulerías, las soleás, las tarantas... y es que Tomatito—que acompañó a Camarón durante casi 20 años, que ha recorrido medio mundo, ganado dos Grammy, actuado junto a Elton John o Frank Sinatra y colaborado en películas como *Pacto con el diablo,* entre otras cosas—tiene claras sus raíces y se considera flamenco sobre todas las cosas.

¿Cómo ha sido la experiencia de trabajar con George Benson?

JOSÉ FERNÁNDEZ TORRES Ha sido maravilloso, porque nunca pensé que quisiera grabar conmigo. El hecho de que me abriera su casa y de trabajar con él en los estudios de Nueva York ha sido una experiencia increíble.

¿Tienen algo en común el flamenco y el jazz?

JFT Muchas cosas. No tenemos la misma música, ni los mismos acordes, pero compartimos el sentimiento. Da igual si es un viejo gitano cantando en la fragua o un *blues* antiguo. Nuestra música expresa el sentir del pueblo.

«Paseo de los castaños» es un disco muy variado: tangos, soleás, bulerías... y también jazz y una canción turca. ¿Es usted un artista abierto a otras músicas?

JFT Yo creo que sí. Un solista de guitarra tiene que salir a acompañar, lo cual te obliga a escuchar a otros músicos. Eso se refleja en mi trabajo, aunque sin perder la identidad. Vengo de una familia y una cultura musical flamenca y todo lo que toque sonará siempre a flamenco.

Preguntarle por Camarón es inevitable, ya que trabajaron juntos muchos años. ¿Cuál es el mejor recuerdo que guarda de él?

Cambio 16, 18 de junio de 2001, pp. 74–75.

JFT La humildad que tenía y el hecho de ser un revolucionario del cante y el mejor de nuestra generación. Él me enseñó todo lo que sé.

Ya que habla de Camarón como revolucionario, ¿qué opina de los llamados «nuevos flamencos»?

JFT Para mí, los nuevos flamencos son Camarón y Paco de Lucía. Ellos pusieron el flamenco de moda en su momento, hace más de 20 años. Yo no he escuchado un disco más moderno ni con más ideas que el último de Camarón. Ese «nuevo flamenco» yo, por lo que soy y de donde vengo, la verdad, no lo entiendo.

En su trayectoria profesional también hay incursiones en el cine: «Flamenco», de Saura; «Pacto con el diablo», con Al Pacino... ¿Le gusta participar en bandas sonoras?

JFT Sin duda. Me hace ilusión eso de ponerle música a las imágenes, de darles vida.

¿Cuáles son sus proyectos más inmediatos?

JFT De momento, promocionar este disco. Luego me voy a Europa a hacer el circuito de jazz, después a Japón, a México... siempre salen cosillas sobre la marcha.

EJERCICIOS

SKIMMING FOR GENERAL MEANING

A Look at the format of this selection, read the first paragraph, then answer the following questions.

1 What kind of reporting does this selection represent?
   ☐ an interview (*entrevista*)
   ☐ a biographical sketch (*biografía*)
   ☐ a review of a concert (*crítica*)

2 What *género* does Tomatito's music represent? _____

3 What are three special sounds of this music?

   _____   _____

   _____

4 What two other sounds are incorporated into his music?

   _____   _____

5 Whom did Tomatito once accompany? _____

   For how long? _____

6 What important prizes has he won? _____

7   With whom has he performed?

_____   _____

_____

8   In what movies can his music be heard?

_____   _____

USING WORD ENDINGS TO DETERMINE MEANING

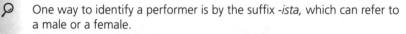

One way to identify a performer is by the suffix *-ista,* which can refer to a male or a female.

*Juan es **el artista.***
*Isabel es **la artista.***

B   Write the Spanish equivalent of the following English phrases.

EXAMPLE   the creative performer (male)   _el artista_

1   the guitar player (female)   _____

2   the solo performer (male)   _____

3   the saxophone player (male)   _____

4   the jazz artist (female)   _____

5   the cello player (female)   _____

6   the violin players (female)   _____

7   the pianists (male and female)   _____

USING CONTEXT TO DETERMINE MEANING

C   Write the English meaning of the phrases that appear in bold type.

1   *Él es mi amigo. Lo sé **por el hecho de que** me ayuda.*

_____

2   *¿Quieres chocolate o vainilla? —**Da igual**. Me gustan los dos.*

_____

3   *La salsa está **de moda** hoy en día. La bailan en todas partes.*

_____

4   *La música de Tomatito aparece en dos películas. Le gusta trabajar en **bandas sonoras**.* _____

5   *Me encanta la música de Tomatito. Voy a su próximo concierto y, **por supuesto**, tengo muchos discos suyos.* _____

El tango

Los argentinos dicen que el tango es un sentimiento triste que se baila. Este baile y la música que lo acompaña nacieron en los puertos de Buenos Aires a principios del siglo XX. El baile se consideraba vulgar y fue condenado como vehículo de inmoralidad por el Papa Pío X, hasta que él mismo vio una exhibición de la danza y levantó la prohibición. Fue popular en París, luego en Nueva York y en Tokio, y hoy en día hay academias de tango en Alemania, Brasil, Bélgica, Cuba, Holanda, México y Chile, y además, los países Japón, Israel, Inglaterra y Portugal tienen academias en formación. La Academia Nacional del Tango está, por supuesto, en Buenos Aires. Además de esto, se organizan tours a esta ciudad donde lo único que hacen los participantes es practicar tango desde la mañana hasta la próxima madrugada, todos los días. Pero si uno quiere bailar tango, no tiene que ir a una academia, sólo tiene que dirigirse a cualquier ciudad grande del mundo y buscar el "tango hotline" en la guía telefónica para encontrarse con un grupo de "tangueros" que le darán la bienvenida a su próxima "milonga".

EJERCICIO

SKIMMING FOR GENERAL MEANING

A Read the selection quickly, then answer the following questions.

1 Where did the tango originate? _____

2 Was it considered an acceptable dance for the general public? _____

3 Who banned it, and why did he reverse his decision?

_____

4 In what cities was it popular early on? _____

5 Where is the National Academy of the Tango? _____

6 Are there academies in other countries? _____

7 Where can one go for "round the clock" tango lessons?

_____

8 Where else can one go to get started with tango?

_____

9 What are tango dancers called? _____

10 What are tango parties called? _____

Si se calla el cantor

Una canción folclórica por Horacio Guarany

Si se calla el cantor,
calla la vida.
Porque la vida
misma es toda un canto.

Si se calla el cantor,
muere de espanto.
La esperanza, la luz y la alegría.

Si se calla el cantor,
se quedan solos los humildes gorriones, de los diarios.
Los obreros del puerto,
se persignan.
Quién habrá de luchar por sus salarios.

Qué ha de ser de la vida,
si el que canta, no levanta su voz en las tribunas.
Por el que sufre,
por el que no hay ninguna razón que lo condene a andar sin manta.

Si se calla el cantor,
muere la rosa.
De qué sirve la rosa,
sin el canto.
Debe el canto ser luz,
sobre los campos,
iluminando siempre, a los de abajo.

Que no calle el cantor,
porque el silencio cobarde apaña la maldad, que oprime.
No saben los cantores de agachadas:
no callarán jamás de frente al crimen.

Letra y música de H. Guarany, "Si se calla el cantor", *Si se calla el cantor,* 1973.
Reproducida aquí con el permiso de Horacio Guarany.

Que se levanten todas las banderas
cuando el cantor se plante con su grito.
Que mil guitarras desangren en la noche,
una inmortal canción al infinito.

Si se calla el cantor, calla la vida.

EJERCICIOS

USING WORD FORMS TO DETERMINE MEANING

Spanish verbs that require the reflexive pronoun *se* often do not have reflexive meaning in English. The selection has the following verbs of this type.

se calla el cantor	the singer is silent
se quedan solos los gorriones	the sparrows are all alone
se persignan los obreros	the workers make the sign of the cross
se planta el cantor	the singer stops/gives up

SKIMMING FOR GENERAL MEANING

A What is the general message of this song?

_____

SCANNING FOR DETAILS

B Answer the following questions.

1 According to the selection, what is "life itself"? _____

2 If the singer is silent, what will die? _____

3 What should a song do in the countryside?

_____

4 What is cowardly and covers up evil? _____

5 What will end if the singer is silent? _____

Recuerdos de la niñez

Cantando en la escuela

Arr yu slepin? Arr yu slepin?
Bro der Yon, Bro der Yon.
Mornin belsar rin gin
Mornin belsar rin gin
Din din don. Din din don.

A Miss Jiménez le gustaba enseñarnos el inglés por medio de las canciones, y aprendimos todas las canciones fonéticamente, con poca idea de lo que querían decir en español. Trató de enseñarnos "America the Beautiful", pero tuvo que desistir cuando nos enredamos en "fó espechos scays" (*for spacious skies*) y "ambur ueys ofgrén" (*amber waves of grain*).

A la misma vez nos enseñó "La borinqueña", la cual decía que Borinquén era la hija del mar y el sol. A mí me gustaba pensar en nuestra islita como una mujer cuyo cuerpo era un jardín de flores, sus pies acariciados por las olas del mar, sus cielos sin nubes. Me gustaba especialmente la parte de cuando a sus playas llegó Colón y exclamó, lleno de admiración: "¡Ay! Esta es la linda tierra que busco yo".

Pero mi canción patriótica favorita era "En mi viejo San Juan", en la cual el poeta le dice adiós al viejo San Juan y llama a Puerto Rico "diosa del mar, reina de palmar".

EJERCICIO

USING YOUR READING SKILLS

- Skim for the general idea.
- Scan for details.
- Recognize cognates.
- Use word endings to identify parts of speech and understand a word's role in a sentence.
- Examine the context of unfamiliar words to guess their meaning.

Esmeralda Santiago, *Cuando era puertorriqueña*, pp. 83–84.

A Answer the following questions.

1   *¿Cómo aprenden los niños el inglés?* _____

2   *¿Cómo se llama la maestra?* _____

3   *¿Entienden los niños la letra de las canciones?* _____

4   *¿Qué canción les dio problemas de pronunciación?*

_____

5   *¿A qué isla se refiere "La Borinqueña"?* _____

6   *¿Con qué se compara la isla en esta canción?* _____

7   *¿Quién dijo que ésa era la linda tierra que buscaba?*

_____

8   *¿Cuál era la canción favorita de la niña?* _____

ESPAÑA

El coro de la escuela

...Y la asquerosa Guindilla también estaba allí, con una varita en la mano, erigida, espontáneamente, en directora.

Al entrar ellos, les ordenó a todos por estatura; después levantó la varita por encima de la cabeza y dijo:

—Veamos. Quiero ensayar con vosotros el «Pastora Divina» para cantarlo el día de la Virgen. Veamos —repitió.

Hizo una señal a Trino y luego bajó la varita y los niños y niñas cantaron cada uno por su lado:

Pas-to-ra Di-vi-naaa
Seee-guir-te yo quie-rooo...

Cuando ya empezaban a sintonizar las cuarenta y dos voces, la Guindilla mayor puso un cómico gesto de desolación y dijo:

—¡Basta, basta! No es eso. No es «Pas», es «Paaas». Así:

«Paaas-to-ra Di-vi-na; Seee-guir-te yo quie-rooo; poor va-lles y o-te-roos; Tuuus hue-llas en pooos». Veamos —repitió.

Dio con la varita en la cubierta del armonio y de nuevo atrajo la atención de todos. Los muros del templo se estremecieron bajo los agudos acentos infantiles. Al poco rato, la Guindilla puso un acusado gesto de asco. Luego señaló al Moñigo con la varita.

Miguel Delibes, *El camino*, pp. 171–73.

—Tú puedes marcharte, Roque; no te necesito. ¿Cuándo cambiaste la voz?

Roque, el Moñigo, humilló la mirada:

—¡Qué sé yo! Dice mi padre que ya de recién nacido berreaba con voz de hombre.

Aunque cabizbajo, el Moñigo decía aquello con orgullo, persuadido de que un hombre bien hombre debe definirse desde el nacimiento. Los primeros de la escuela acusaron su manifestación con unas risitas de superioridad. En cambio, las niñas miraron al Moñigo con encendida admiración.

EJERCICIO

B Using your reading skills, answer the following questions.

1 *¿Cómo llamaban los niños a la directora?* _____

2 *¿Era muy estricta la directora?* _____

3 *¿Cuándo iban a cantar el "Pastora Divina"?* _____

4 *¿Cuántos niños cantaban al principio?* _____

5 *¿Cómo atraía la directora la atención de los niños?*

_____

6 *¿Por qué expulsó a Roque (el Moñigo)?* _____

7 *¿Cómo miraron las niñas al Moñigo?* _____

PERÚ

Un recital de piano

Para el recital de fin de año, en preparatoria, Julius tenía *My Bony* estudiadísimo, a Susan ni se le pasaba por la mente que podría equivocarse. No miró a su alrededor para que supieran que era su hijo el que estaba tocando, pero sí escuchó con ternura mientras el pobre batallaba con unos inesperados nervios, en realidad tocó un *My Bony* bastante cambiado. ¡Qué importa!, todo el mundo estuvo de acuerdo en que lo hizo con mucho sentimiento.

Así eran los recitales. Tocaban los mejores alumnos, la monjita de las pecas los seleccionaba y los preparaba hasta el último minuto. Ter-

Alfredo Bryce Echenique, *Un mundo para Julius*, pp. 104–5.

minada la repartición de premios salían al escenario y se equivocaban varias veces. Sus mamás se morían de nervios, se preparaban para aplaudir, para morirse cuando uno se quedara a la mitad de la pieza, para aplaudirlos fuertemente como si ya hubieran terminado y salvarlos: no importaba, al final siempre habían tocado con mucho sentimiento. Hasta Rafaelito Lastarria logró tocar en un recital, claro que con trampa porque tenía otra profesora en casa, pero logró terminar su Danza Apache y Susana se sintió tan felicitada. También Juan Lastarria se emocionó e hizo una donación especial para el colegio nuevo.

EJERCICIO

C Using your reading skills, answer the following questions.

1 *¿Cuándo fue el recital?* _____

2 *¿Quién tocó "My Bony"?* _____

3 *¿Cómo se llamaba la mamá del muchacho?* _____

4 *¿Cómo tocó la canción?* _____

5 *¿Quiénes tocaban en los recitales?* _____

6 *¿Quién los seleccionaba y preparaba?* _____

7 *¿De qué se morían las madres?* _____

8 *¿Al final, cómo tocaban todos?* _____

9 *¿Qué tocó Rafaelito Lastarria?* _____

10 *¿Qué hizo su papá después?* _____

Los deportes

Todos somos Guerreros

En nuestra comunidad de San José
la tradición más joven es
EL BÉISBOL

JULIO Y AGOSTO

		PROMOCIONES
Martes 17 y 31 San José Vs. Pasadena	ESTUDIANTES 2 × 1	Con un boleto entran 2 estudiantes presentando su credencial en la entrada
Miércoles 18 y agosto 01 San José Vs. Pasadena	3 × 3	Con un boleto especial de $75.00 entran: 3 personas y además llévate GRATIS 3 tortas y 3 refrescos
Jueves 19 y agosto 02 San José Vs. Pasadena	CHICA GUERRERA	Las damas que asistan con los colores Guerreros (blanco, negro y rojo) entrada GRATIS acompañadas de un caballero que adquiera su boleto
Viernes 20 y agosto 03 San José Vs. San Miguel	NIÑOS GRATIS	Niños menores de 12 años GRATIS acompañados de un adulto que adquiera su boleto
	LA VICTORIA ASEGURADA	Si los Guerreros ganan hoy, el sábado 2 × 1 en todas las localidades
Domingo 22 San José Vs. San Miguel	DOMINGO FAMILIAR	Con el boleto de Papá entran: Mamá y 2 niños menores de 12 años
"TATO"	La Mascota	Diviértete, participa y gana todos los días con los concursos de la mascota de los Guerreros

ESTADIO CENTRAL

Palcos	$50.00
General	$30.00
Jardines	$10.00

EJERCICIO

SCANNING FOR DETAILS

A Answer the following questions.

1 What is this flyer announcing, and for what time period?

_____

2 When is "ladies' night," and what are the conditions for free entrance?

_____

_____

3 What are the Guerreros' colors? _____

4 How much is a seat in the balcony? _____

5 What is the team mascot's name? What happens in his name at every game?

_____

6 What can three adults get on the first of August?

_____

7 What happens if the Guerreros win on July 20?

_____

8 On which dates can children get in free? Can they just walk in without tickets?

_____

_____

9 What does *domingo familiar* mean? _____

10 What teams are playing on July 31? _____

11 What is the name of the stadium? _____

Deportes acuáticos en Costa Rica

En Costa Rica, país centroamericano que tiene dos grandes costas—la del océano Pacífico y la del mar Caribe—se puede gozar de una variedad de deportes acuáticos. Aquí hay más de 200 playas donde se puede practicar el surf. Además, en ciertas zonas, donde hay vientos ideales durante todo el año, se practican el windsurfing y el kitesurfing. Luego en los ríos se pueden practicar el rafting—o "aguas blancas"—y el kayaking, y al mismo tiempo gozar de la naturaleza única de este país. Hay incluso kayaking de mar, que permite descubrir zonas inaccesibles en auto, manglares, ríos y lagos. El canotaje es popular en los lagos y en los ríos más pequeños y tranquilos, muchas veces rodeados de selva. Quizás el deporte más extremo que se practica en bote sea el canyoning, que consta de recorrer cañones de ríos y acantilados en las densas selvas y bosques tropicales. Otra gran atracción de este agradable país es la práctica del buceo y la posibilidad de ver animales grandes, como tiburones, morenas, cardúmenes, tortugas, al igual que arrecifes de coral y peces de arrecife. El buceo de superficie—o "el snorkeling"—se practica en las dos costas. No hay duda de que Costa Rica es un lugar magnífico para observar la naturaleza y practicar deportes extremos al mismo tiempo.

EJERCICIOS

SKIMMING FOR GENERAL MEANING

A Skim the selection quickly, then answer the following questions.

1 What is this article about?

2 What are two advantages of choosing Costa Rica for a vacation?

SCANNING FOR DETAILS

B Answer the following questions.

1 In Costa Rica, what water sports can one participate in?

_____   _____   _____

_____   _____   _____

_____   _____   _____

2 What sports does the wind facilitate?

_____   _____

3 What is a good activity for quietly contemplating nature?

_____

4 What is the most daring sport mentioned in this selection?

_____

5 What sport allows the possibility of seeing sharks?

_____

6 What makes Costa Rica an ideal spot for participating in water sports?

_____

Lorena Ochoa, golfista extraordinaria

Lorena Ochoa nace el 15 de Noviembre de 1981 en Guadalajara, Jalisco, México.

A la edad de cuatro años, se muda a vivir a un pequeño pueblito en las montañas llamado Tapalpa, municipio del estado de Jalisco. Viviendo en Tapalpa, Lorena se fractura ambas muñecas al caer de la casa del árbol.

Regresa a Guadalajara en 1986, donde crece en una casa al lado del club de golf Guadalajara Country Club. Comienza a jugar golf a la edad de cinco años, después de convencer a su padre, Javier Ochoa, para llevarla a su primer curso del golf. Un año después gana su primer torneo estatal de golf.

A la edad de siete años gana un campeonato nacional. A los ocho años es nombrada como la mejor Junior posicionada en México y gana el prestigiado Campeonato Junior Mundial en San Diego, California, el primero de cinco consecutivos. A esa edad Lorena también disfruta montar a caballo e irse de pesca con su padre y sus hermanos. Logra coronarse como campeona de la Copa Japón en 1990.

En 1991, a la edad de diez años, Lorena comienza a trabajar con Rafael Alarcón, el golfista más reconocido de Guadalajara. No solamente juega golf, sino también combina otras actividades deportivas, como alpinismo, pesca y varios deportes, con ello. Nuevamente se corona campeona de la Copa Japón en 1992. A la edad de doce años escala la tercera cima más alta de México, el Iztacíhuatl. Recibe su primera comunión y continúa con sus estudios y con su vida cotidiana.

Completa tres días de un pentatlón ecológico "Ecotlon": bicicleta de montaña, excursión, nado, rapel y kayak en Tapalpa en el año de 1999.

En agosto del año 2000 se enlista para ingresar a la universidad de Arizona. Aprende a dominar el inglés para vencer esa barrera lingüística y continúa con su preparación académica y golfística. Una amiga

http://www.golfmagazine.com.mx/LorenaOchoa.

de la niñez nativa de Colombia, Cristina Baena, es Junior en Arizona cuando Lorena llega, y ella le ayuda con la transición. Lorena hace igual para una hermana más joven de Sergio García, el famoso golfista español.

Comienza a emprender la carrera profesional de golf, cursando el segundo año en la universidad de Arizona y dos años dentro del golf colegial.

Obtiene la carta de la LPGA tour en diez eventos durante la gira Futures del 2002, con tres victorias y el puesto número uno en la lista de premios.

Merece ser nombrada la Mejor Jugadora Nacional (en EUA) en el 2001 y 2002, e impone el record individual de score para una novata con 71.33. En su segundo año, Lorena rompe su propio record por casi dos golpes por ronda con 70.13 de promedio. En el mismo año 2001 es galardonada con el premio Nacional del Deporte a manos del Presidente de México Vicente Fox Quesada.

Lorena se jubila del LPGA en el año 2010. Durante su carrera, Lorena participó en veinte torneos, ganó doce veces, terminó en segundo lugar seis veces y nunca quedó fuera del "top 10". En la temporada 2001–2002, ganó los primeros siete torneos del año, y al final de la temporada tenía ocho victorias de diez torneos jugados, terminando en segundo en los otros dos.

Se requiere una gran persona para lograr grandes cosas, pero se necesita algo más para saber manejar la presión de representar el orgullo de un país entero. Lorena Ochoa se ha convertido en ícono para México a una edad muy temprana, y acepta esta responsabilidad a la altura que el honor merece.

Lorena Ochoa es el paquete completo. No es sólo una golfista que impone records. Es una niña maravillosa con un don especial para caer bien a las personas. Si has tenido la oportunidad de convivir con ella, sabrás lo sorprendente que es su amistad, su felicidad y su carisma. Tiene un carácter fuerte y es por esto que ha terminado pruebas como ecotlones, medios maratones y expediciones de montaña. Y lo que es más, a diferencia de otras celebridades contemporáneas, Lorena tiene una actitud humilde y de servicio.

EJERCICIOS

USING THE PRESENT TENSE TO TELL A STORY OR RELATE HISTORY

We often use the present tense in English to tell jokes or to relate what happened in a movie—typically in informal situations. In Spanish, however, the present tense is also used to tell a story, present a biography, or relate history in a serious manner. In fact, it is considered one way to make that account seem more compelling to the reader. Note that most of this biography of Lorena Ochoa is written in the present tense.

A Write a brief history of the major events in your own life, using the present tense.

SCANNING FOR DETAILS

B Scan the selection to find the information needed to answer the following questions, then write your answers below.

1 What is Lorena Ochoa used to achieving, ever since childhood?

_____

2 What is her major sport? _____

3 What other sports and activities has she participated in?

_____ _____ _____

_____ _____ _____

_____ _____ _____

4 Where did she learn English? _____

5 What two titles did she win in 2001?

_____

_____

6 Is she still playing professional golf? _____

7 How would you describe her personality?

_____

8 What do you think made her so popular?

_____

Más allá del béisbol, la vida de Roberto Clemente

> "Cada vez que tienes la oportunidad de cambiar algo en este mundo y no lo haces, estás malgastando tu tiempo en la tierra."
>
> —Roberto Clemente

Roberto nació durante el verano de 1934 en una casa de concreto y madera, a la vera de un antiguo camino rural del Barrio de San Antón, Carolina, Puerto Rico. Falleció el 31 de diciembre de 1972 en un accidente de avión a pocas millas de su lugar de nacimiento mientras intentaba llevar asistencia a las víctimas de un terremoto en Nicaragua.

En el lapso de sus treinta y seis años de vida, Roberto Clemente se convirtió en una leyenda del béisbol de los Estados Unidos, pero en su tierra natal, así como a lo largo de América Latina, se transformó en un símbolo nacional y cultural. Su historia constituye una lección sobre carácter y determinación, al mismo tiempo que sobre la elevación de un hombre a mito. Ofrece un panorama único de la América de su época, del juego conocido como el "Pasatiempo de América" y del heroísmo que trasciende a ambos.

Smithsonian Institution Traveling Exhibition Service (SITES), Washington, D.C.

EJERCICIO

USING CONTEXT TO DETERMINE MEANING

A Answer the following questions without looking up words in the dictionary. (Hint: Consider the title, guess what it's about, pay attention to dates mentioned, and look for cognates.) After you complete the exercise, look up what you missed, then read the entire selection again, this time aloud.

1 When was Roberto Clemente born? _____

2 Was he born in a big city or in a rural area? _____

3 How old was he when he died? _____

4 How did he die? _____

5 What was he trying to do when he died?

_____

6 What lesson can be learned from a study of Roberto Clemente's life?

_____

7 What game is known as "el Pasatiempo de América?" _____

8 How would you translate the quote at the beginning of this selection into English?

_____

_____

El ciclismo y la salud

por Marcos López

Más y más personas cada día comienzan a andar en bici. En vez de ir a un gimnasio son muchos los que prefieren una actividad con paisaje variado para hacer solos, con la familia o con amigos.

Pero no es solo por el aspecto social o de entretenimiento que la gente lo adopta, sino por los beneficios que reporta a la salud. Andar en bicicleta es una de las actividades físicas más saludables, y es recomendada por los médicos para casi todo el mundo, desde niños hasta adultos.

Lo cierto es que hay un montón de evidencia e investigaciones que concluyen que el ciclismo mejora la salud. Específicamente es utilizado por personas que quieren mejorar su sistema cardiovascular (corazón y pulmones). Además se ha reportado que tiene un efecto positivo en personas con artritis, asumiendo que el peligro en las articulaciones es menor.

Sin embargo, el ciclismo intenso y muy extendido puede lesionar las rodillas. Por otro lado, cuando se utiliza correctamente el ciclismo, hasta puede ser la opción ideal para rehabilitación de lesiones de rodilla.

Para este punto en particular las bicicletas estáticas suelen ser la mejor alternativa ya que se hace en ambientes controlados y seguros. Deberán hacerse algunos ajustes para que se acomode toda la bicicleta—pedales, asiento y manillar—a la altura y características de quien la utilizará. El objetivo es lograr una posición relajada y cómoda sobre la bicicleta.

Otro aspecto importante del ciclismo indoor por ejemplo es que evita lesiones. Lesión de rodilla es la más común. Siempre será necesario utilizar equipamiento seguro y apropiado. Si sales a la ruta, un casco, una calza con buen acolchonamiento y una botella de agua son esenciales. En tu casa, es importante tener a mano una botella de agua también.

---

http://www.tu-cuerpo-ideal.com/blog.

En suma, ya sea que quieras bajar de peso, mejorar tu estado físico, distraerte un rato y en medio de todo eso llevar tu salud a otro nivel (uno mejor por supuesto), entonces el ciclismo en todas sus expresiones es la alternativa.

EJERCICIOS

USING CONTEXT TO DETERMINE MEANING

A Write the meaning of the following words from the selection based on the context in which they are found.

1 *montón* _____

2 *pulmones* _____

3 *articulaciones* _____

4 *rodillas* _____

5 *estáticas* _____

6 *manillar* _____

7 *lograr* _____

8 *evita* _____

9 *casco* _____

10 *acolchonamiento* _____

11 *bajar de peso* _____

UNDERSTANDING THE MESSAGES INDICATED BY CERTAIN EXPRESSIONS

🔎	*desde… hasta*	from . . . to
	en suma	in summary
	en vez de	instead of
	no… sino	not . . . but rather
	por supuesto	naturally
	sin embargo	nevertheless
	ya que	since
	ya sea	whether

B Complete the following sentences with one of the expressions above.

1 *Quiero ir al cine* _____ *estudiar.*

2 *Estoy tomando cinco cursos y,* _____ *, tengo muchas tareas.*

3 *Estoy tomando cinco cursos. _____, no tengo muchas tareas.*

4 *_____ estoy tomando cinco cursos, estoy muy ocupado.*

5 *Todos los alumnos, _____ los más pequeños _____ los más grandes, deben hacer exámenes.*

6 *Es una buena idea tomar unas vacaciones, _____ que quieras conocer un lugar nuevo, cambiar de ambiente o sencillamente relajarte.*

7 *En el examen sacaste 98% en Matemáticas, 96% en Lengua, 90% en Geografía y 92% en Ciencias. _____, hiciste muy bien en todas las materias.*

8 *Este artículo _____ es sobre el fútbol, _____ sobre el ciclismo.*

Top 7 de ejercicios que queman muchas calorías

por Marcos López

Mientras que no hay una fórmula secreta para adelgazar, ya que todo es matemática pura (hay que quemar más calorías que las que se consumen), hay maneras más eficientes y rápidas para lograrlo. Los siguientes siete ejercicios han comprobado ser los que más sudor producen, los que más aceleran nuestro corazón y en consecuencia los más eficientes a la hora de quemar calorías y bajar de peso. Haz uno— o una combinación de ellos—regularmente y observa el peso, y las tallas, cómo se reducen.

Kickboxing: 800 calorías por hora

El kickboxing es uno de los mejores ejercicios para todo el cuerpo, ya que requiere que utilices cada grupo muscular grande y además incluye entrenamiento por intervalos. Tu ritmo cardiaco se elevará y estabilizará varias veces durante la clase, lo que es óptimo para quemar grasas rápidamente sin perder tejido muscular. Una hora de kickboxing puede quemar 800 calorías aproximadamente.

Spinning: 700 calorías por hora

En una clase promedio de spinning puedes quemar aproximadamente 700 calorías, aunque también puedes quemar esas calorías si agarras tu bicicleta y sales a pedalear a un ritmo constante durante una hora.

Zumba: un mínimo de 500 calorías por clase

¿Creías que bailar no quemaba calorías? Esta manera de hacer ejercicio inspirada en la música latina utiliza los principios del entrenamiento por intervalos y la resistencia en el ejercicio. Es un tipo de entrenamiento que acelerará tu metabolismo de manera considerable. Sin embargo, como sucede con cualquier actividad que se haga,

http://www.tu-cuerpo-ideal.com/blog.

el número de calorías variará dependiendo del peso de una persona, el género, el estado físico actual y qué tan duro uno haga ejercicio. De todas maneras, el potencial del zumba lo ha convertido en una alternativa muy popular en estos días.

Saltar la soga: 800 calorías por hora

Hay que tener la fuerza y el coraje para saltar la soga una hora. Pero si la tienes, tus posibilidades de adelgazar rápidamente y ponerte en forma son inmensas. Personalmente utilizo la soga a manera de calentar antes de hacer pesas, y diez minutos de saltar la soga quema un mínimo de 130 o 140 calorías. Entonces, si sólo tienes diez minutos, prueba saltar la soga. Incluso si tienes unos cuantos diez minutos libres al día, salta la soga en todos ellos porque de todos modos, cada sesión de diez minutos te permitirá quemar una cantidad muy grande de calorías.

Clases de aeróbics en step: 600 calorías por hora

Las clases de step de aeróbics son de una alta intensidad y de alto impacto. Esto traducido a nuestro objetivo quiere decir que quemarás mucha grasa y calorías. Como ya lo dijimos, hay muchos factores que determinan cuántas calorías puedes quemar. Uno de ellos en este ejercicio es la altura del step. Sin embargo, su potencial es muy grande, además de que saldrás de la clase y probablemente seguirás quemando calorías.

Correr: 650–700 calorías por hora

Según las típicas calculadoras de calorías online, una persona de 70 kilos que mantiene una velocidad aproximada de 15 kilómetros por hora, durante una hora puede quemar más de 650 calorías. Correr una hora es todo un desafío, y mucho más lo es correr a una velocidad constante, pero eso también tiene otros beneficios añadidos, ya que entre ellos podemos decir que mejora nuestra capacidad cardiovascular. Otra manera de quemar muchísimas calorías corriendo es haciendo intervalos. Por ejemplo, correr durante unos 20 segundos a toda marcha y trotar lentamente durante 40 segundos, haciendo esta secuencia durante 20 minutos o media hora.

Tu Cuerpo Ideal: 1000 calorías por día

Algunos de los ejercicios anteriores están incluidos en el programa Tu Cuerpo Ideal, pero dependiendo del objetivo, encontrarás algunos ejercicios y rutinas que tienen el potencial de quemar hasta mil calorías en un día de entrenamiento. Y si a eso sumas una correcta alimentación, dependiendo del objetivo deseado, entonces me animo a decir que el programa te dará las mejores posibilidades para bajar de peso en el mínimo de tiempo que nuestros cuerpos lo permitan de una manera saludable.

EJERCICIOS

UNDERSTANDING THE MESSAGES INDICATED BY CERTAIN EXPRESSIONS

a manera de	in order to
en consecuencia	as a result
hasta	as many as
incluso	even
mientras que	while
quiere decir	means

A Complete the following sentences with one of the expressions above.

1 _____ *bajar de peso, mi hermano corre 5 millas cada día.*

2 *Estoy muy frustrada con mi dieta, pues* _____ *yo como más o menos 1000 calorías al día y no pierdo nada, mi amigo come lo que quiere y no aumenta de peso.*

3 *Imagínate que este amigo come* _____ *2500 calorías diarias.*

4 _____ *come postres todos los días.*

5 *La chica come sanamente, hace ejercicio todos los días y,*

_____, *está en forma.*

6 *Esto* _____ *que se siente bien y está contenta.*

USING CONTEXT TO DETERMINE MEANING

B Write the meaning of the following words from the selection based on the context in which they are found.

1 *quemar* _____

2 *comprobado* _____

3 *sudor* _____

4 *las tallas* _____

5 *grasas* _____

6 *tejido* _____

Lo que se necesita para ganar

publicado por Al Horford, 16 de marzo del 2011

Hombre, qué bueno es haber vuelto a ganar nuevamente.

Hasta que vencimos el sábado a los Blazers, habíamos pasado un par de pequeños problemas, pues perdimos cuatro juegos en línea. Todavía me siento confiado de lo que tenemos y creo hay muchas cosas que podemos corregir para volver a encarrilarnos—pero también es cierto que hemos perdido algunos partidos contra muy buenos equipos últimamente.

He tenido entrenadores que dicen que las derrotas son importantes porque puedes aprender de ellas. Pero les digo una cosa: Soy el tipo de persona que prefiere aprender ganando. Creo que las victorias nos golpean un poco, pero pienso que sabemos lo que necesitamos para que una vez que entremos a los playoffs, podamos ganar y seguir adelante.

Por encima de todo, ahora mismo estamos en una posición en la que tenemos que jugar con un sentido de urgencia. Estamos jugando duro, pero tenemos que sumar varios triunfos consecutivos. Nos tenemos que preparar para el nivel de intensidad que hay en los playoffs, porque se vive un nivel muy distinto cuando inicie la postemporada.

Entonces, ¿a dónde vamos de aquí para adelante?

Obviamente, estamos preocupados por haber perdido tantos juegos consecutivos, pero creo que la clave es no dejar que esas caídas te afecten demasiado en tu cabeza. Debemos recordar que somos un gran equipo. Hemos demostrado que podemos ganar y ser exitosos y solamente porque ahora las cosas no están saliendo a nuestro favor, no debemos entrar en pánico. Hemos jugado bien hasta ahora, pero debemos mejorar aún más para salir de este mal momento.

Si hay algo que podamos señalar, es que debemos jugar de una manera más liberada en la parte ofensiva. Hemos demostrado que podemos defender bien y hemos hecho un gran trabajo compartiendo

---

www.alhorfordfans.com. To read more of Al Horford's blogs in Spanish, go to http://www.nba.com/enebea/blog/al_horford.html. To read more about the NBA in Spanish, go to www.enebea.com.

el balón, pero no hemos vuelto a mostrar lo buenos que éramos cuando movíamos el balón alrededor del aro para luego penetrar. Hemos perdido un poco de ritmo en ese sentido, pero, además para tener éxito tenemos que salir con facilidad y anotar rápidamente.

Para esto debemos hacer un esfuerzo mucho mayor, para que cuando tengamos el balón salgamos rápido en el contragolpe—facilitar más el juego. A todos en la liga les gusta ese estilo de juego. Por un momento, hicimos eso bien. Pero últimamente, hemos perdido un poco de ritmo en ese aspecto.

Pero con toda honestidad, realmente me siento mejor de cara a los playoffs ahora de lo que me sentía el año pasado.

Siento confianza con los hombres que están en el club y porque sé que estarán listos para la postemporada. Es un equipo un poco diferente, pero me gusta la forma de pensar que tenemos. Sabemos que tenemos que salir a la cancha a competir contra el equipo que sea. Hubo varios equipos que nos ganaron siempre que los enfrentamos—pero este año sentimos confianza ante cualquier situación o conjunto que tengamos que enfrentar.

Y antes de despedirme, quiero saludar a mi nuevo grupo de trabajo en el Susie B. Atkinson Elementary School de Griffin, Georgia. Tuve la oportunidad de ir allá hace un par de semanas para conocer a Dante Graydon, el ganador del concurso al mejor ensayo en contra del abuso escolar.

Fue muy bueno conocer a esta gente y repartir el mensaje de que estamos en contra del acoso escolar y de cómo los niños deben mantenerse juntos y no permitir que se presente este tipo de abusos. Nuestro mensaje era que los niños se mantuvieran unidos y que no dejaran solos a sus compañeros de curso. Los niños estuvieron geniales y realmente recibieron bien todo lo que les dijimos.

Yo adoro la oportunidad de poder ayudar a la comunidad. Como atletas profesionales que somos, podemos marcar la diferencia en la vida de las personas y he tenido la suerte de ayudar con las campañas de NBA Cares en toda la comunidad de Atlanta.

Ahora llegó el momento de prepararme para un gran tramo de partidos. Volveré a escribir en una semana pero, entre tanto, es hora de jugar.

EJERCICIOS

USING DISCOURSE MARKERS

además	*Además* means "in addition to."
hombre	This use of *hombre* is like "Man!" in English: It introduces a statement that you want to emphasize.
por encima de todo	*Por encima de todo* introduces one more item to a list of things that already make a situation either very bad or very good; it means "to top it all off."
pues	*Pues* has a number of functions, which have different meanings in English. Here *pues* introduces a reason for what came before it, giving it the meaning of "for" or "because."

A Complete each sentence with the appropriate discourse marker from the list above.

1 *Llegué a casa muy cansada, no había hecho mi tarea para la clase de Biología*

y, _____, tenía un examen en la clase de Español

al día siguiente.

2 *No tengo mucho dinero, _____ no trabajé la semana pasada.*

3 _____, *estábamos todos muy emocionados.*

4 *El chico me invitó a cenar y _____, a ver una película.*

USING THE SUBJUNCTIVE

This selection has a number of verbs in the subjunctive mood. Certain signals indicate that the verb that follows will be in the subjunctive. Among these signals are the following words or expressions.

cuando	When *cuando* is followed by an event that is expected to happen in the future, it is a subjunctive signal. For example:

> *Voy a llamar a mi mamá cuando **llegue** a Nueva York.*
> I'm going to call my mother when I get to New York.

When *cuando* is followed by an event that is always simultaneous with the preceding event, the indicative is used. For example:

> *Siempre llamo a mi mamá cuando **llego** a Nueva York.*
> I always call my mother when I get to New York.

una vez que	When *una vez que* means "once" in the sense of "as soon as" and is followed by an action expected in the future, it signals a subjunctive verb. For example:

> *Una vez que **tengas** tu título, podrás encontrar un buen trabajo.*
> Once you have your degree, you'll be able to find a good job.

no dejar que OR *no permitir que*	These two expressions both mean "to not allow," "to not permit," "to not let (something happen)." They signal that the verb that follows will be in the subjunctive. For example:

> *David no deja que el otro equipo **marque** un gol.*
> David doesn't allow the other team to score a goal.

para que	*Para que* indicates "so that (something might be done)," and therefore it signals that the verb that follows will be in the subjunctive. For example:

> *Mi mamá trabaja para que yo **pueda** ir a la universidad.*
> My mom works so that I can go to college.

In contrast, *para* + infinitive indicates "in order to (do something)" when the subject is the person who expects to perform the action. For example:

> *Estudio mucho para sacar buenas notas.*
> I study a lot in order to go to college.

cualquier _____ que OR *el/la _____ que*	These two expressions, which mean "any _____ that" or "any _____ who," both signal that a subjunctive verb will follow. For example:

> *Puedes comprar cualquier cosa que **quieras**.*
> You can buy anything (that) you want.

> *Vamos a vencer al equipo que **se presente**.*
> We're going to beat any team that comes forward.

A subjunctive signal with a verb in the past tense requires the verb that follows to be in the imperfect subjunctive. In the example that follows, the subjunctive signal *Mi consejo era que* indicates a desire for someone else to do something.

> *Mi consejo era que **estudiara** más.*
> My advice was that he study more.

Following is an example of a subjunctive signal with a different verb in the past tense:

> *Le rogué que **no dejara** de trabajar.*
> I begged him not to stop working.

B Write the clauses from the selection in which a subjunctive verb follows the signal given, then translate the clause to English.

1 *cuando*

  a _____

  _____

  b _____

  _____

2 *una vez que* _____

  _____

3 *no dejar que* _____

  _____

4 *no permitir que* _____

  _____

5 *para que* _____

  _____

6 *cualquier _____ que* _____

  _____

7 *el _____ que* _____

  _____

8 verb in the past tense

  a _____

  _____

  b _____

  _____

REREADING FOR COMPREHENSION

C Answer the following questions.

1 What sport does Al Horford play? _____

2 Was his team winning or struggling when he wrote this blog post?

  _____

3 According to Al, how is playing in the play-offs different from playing during the season?

_____

4 Was his team doing better at defense or offense? _____

5 Did he have confidence in the ability of his teammates? _____

6 What was Al doing at the Susie B. Atkinson Elementary School?

_____

_____

7 Did he enjoy this? _____

8 What did Dante Graydon do?

_____

_____

Noticias históricas del béisbol

1. Los Cachorros de Chicago vs los Cerveceros de Milwaukee

Sammy Sosa conectó tres jonrones e impulsó seis carreras, ayudando a Kevin Tapani a ganar por primera vez en casi once semanas, en la victoria de los Cachorros de Chicago sobre los Cerveceros de Milwaukee por paliza de 16-3. Sosa bateó un jonrón solitario, otro para dos carreras y uno más para tres.

2. Los dominicanos brillaron en las Grandes Ligas

El tercera base Felipe López congeló a los campeones del mundo al pegarles dos tablazos de vuelta entera, y su compatriota Bartolo Colón brilló en el centro del diamante para darle a su equipo un triunfo y confirmar la presencia de la bola dominicana en las Grandes Ligas.

3. Los Azulejos de Toronto vs los Yanquis de Nueva York

En Toronto, el dominicano Felipe López pegó dos vuelacercas y el guardabosques puertorriqueño José Cruz, uno, y los Azulejos de Toronto vencieron 14-0 a los campeones del mundo los Yanquis de Nueva York. López se voló la barda en el cuarto episodio, con uno en los senderos, mientras que en la octava entrada, lo hizo sin gente en el camino, además de que se fue de 5-3 con tres anotadas y cinco remolcadas, para dejar en .242 su promedio de bateo. Cruz pegó de cuatro esquinas en el primer episodio, sin gente en los senderos, para coronar racimo de cinco anotaciones, que pusieron en el camino del triunfo a los Azulejos.

4. Los Indios de Cleveland vs los Medias Rojas de Boston

En Boston, el abridor dominicano Bartolo Colón trabajó más de cinco episodios para guiar el triunfo de los Indios de Cleveland con pizarra de 8-5 ante los Medias Rojas de Boston. Colón (12-10) lanzó cinco episodios y dos tercios, y a pesar de ser castigado con 10 imparables y cuatro anotaciones, dar tres pasaportes y sacar a tres por la vía del

---

Adaptada de un artículo de www.terra.com.

ponche, se adjudicó la victoria. En el ataque lo apoyaron el parador en corto venezolano Omar Vizquel, que se fue de 3-1 con una anotada; el segunda base puertorriqueño Roberto Alomar, ligó de 4-1 con una anotada, mientras que el receptor panameño Einar Díaz conectó de 4-2 con dos anotadas.

5. Los Medias Blancas de Chicago vs los Tigres de Detroit

En Chicago, los Medias Blancas derrotaron 10-1 a los Tigres de Detroit en feria de batazos, en el primer partido de la doble jornada en que el tercera base puertorriqueño José Valentín pegó vuelacercas. Valentín conectó su vigésimo quinto cuadrangular de la temporada con el que abrió la cuenta de su equipo. En el segundo partido, el guardabosques venezolano Magglio Ordóñez volvió a ganar con pizarra de 4-0. Ordóñez pegó cuadrangular con uno en los senderos.

6. Los Vigilantes de Texas vs los Mellizos de Minnesota

En Arlington, los Vigilantes de Texas vencieron 6-5 a los Mellizos de Minnesota, pero siguen en el fondo de la división, mientras que por los derrotados el bateador designado dominicano David Ortiz pegó de 4-1 con anotada y remolcada, y su compatriota el parador en corto Cristian Guzmán ligó de 4-2 con dos anotadas.

7. Los Astros de Houston vs los Rojos de Cincinnati

En Cincinnati, el antesalista mexicano Vinny Castilla lideró el ataque para que los Astros de Houston derrotaran 7-1 a los Rojos de Cincinnati. Castilla, que pegó de 4-3, guió el ataque y en la primera entrada abrió la cuenta de su equipo al aprovechar error de Dmitri Young, para hacer sonar la registradora. El tercera base mexicano anotó tres carreras.

8. Los Cardenales de San Luis vs los Padres de San Diego

En San Diego, los Cardenales de San Luis vencieron 6-1 a los Padres de San Diego, con el apoyo del dominicano Albert Pujols. Pujols llegó a su jonrón 33 de la temporada en la séptima entrada, con uno en los senderos, y en la ofensiva también estuvieron el segunda base Fernando Viña, que pegó de 3-1 con una anotada, y el parador en corto colombiano Edgar Rentería, que ligó de 4-2 con una anotada.

EJERCICIOS

USING COGNATES TO DETERMINE MEANING

A Write the English meaning of the following words and phrases.

1 *el promedio de bateo* _____

2 *un triunfo* _____

3 *su compatriota* _____

4 *el jonrón* _____

5 *el bateador designado* _____

6 *un error* _____

7 *el episodio (hay nueve en un partido de béisbol)* _____

B Read the following sentences, then fill in the blanks.

1 *En un diamante de béisbol, hay tres bases: la primera base,*

_____ *y* _____ .

2 *Los jugadores que se posicionan en las bases son: el primera base,*

_____ *y* _____ .

USING ASSOCIATION TO DETERMINE MEANING

C Write the Spanish name of each team mentioned in the selection.

1 the Cubs   _____

2 the Blue Jays   _____

3 the Reds   _____

4 the Red Sox   _____

5 the Tigers   _____

6 the Astros   _____

7 the Cardinals   _____

8 the Yankees   _____

9 the Padres   _____

10 the White Sox   _____

11 the Indians   _____

12 the Rangers   _____

USING WORD FORMATION TO DETERMINE MEANING

In Spanish, compound nouns are often formed from a verb and a plural noun.

lavar	+ *platos*	→	*el lavaplatos*
to wash	dishes		dishwasher

parar	+ *aguas*	→	*el paraguas*
to stop	waters		umbrella

D Answer the following questions.

1 If *volar* means "to fly" and *cerca* means "fence," what is a *vuelacercas?*

_____

2 If *guardar* means "to watch" and *bosque* means "forest," what is

a *guardabosques?* _____

3 What do these terms mean in the context of baseball?

_____   _____

E Find the Spanish equivalent of the following English words in the selection and write them below.

1 _____   _____   _____
   the bat   to bat   the batter

2 __el lanzamiento__   _____   __el lanzador__
   the pitch   to pitch   the pitcher

3 _____   _____   __el corredor__
   the run   to run   the runner

The suffix *-azo* can increase the strength of a noun.

un trabajo   a job
un trabajazo   a huge job

F Find two words in the selection that mean "a huge hit with the bat" and write them below.

_____   _____

USING CONTEXT TO DETERMINE MEANING

G Find each of the following Spanish words or phrases in the selection, consider its context, then match it with its best English equivalent in the second column.

1 _____ *la entrada/el episodio*   a   the leadoff batter

2 _____ *el abridor*   b   score

3 _____ *un tercio*   c   doubleheader

4 _____ *el parador en corto*   d   runs

5 _____ *el receptor*   e   a walk

6 _____ *pizarra*   f   shortstop

7 _____ *la doble jornada*   g   inning

8 _____ *carreras/anotadas*   h   catcher

9 _____ *el antesalista*   i   with one out

10 _____ *el pasaporte/el boleto*   j   the strikeout

11 _____ *el ponche*   k   starting pitcher

12 _____ *congelar*   l   to hit

13 _____ *impulsar*   m to score first

14 _____ *pegar*   n   to take advantage of

15 _____ *abrir la cuenta*   o   to freeze

16 _____ *aprovechar*   p   to bat in

17 _____ *por paliza*   q   whipped

18 _____ *en el sendero*   r   at the bottom

19 _____ *en el fondo*   s   on base

20 _____ *cuadrangular/de cuatro esquinas* t   with no men on base

21 _____ *remolcadas*   u   a hit

22 _____ *solitario*   v   a home run

23 _____ *imparable*   w   RBIs (runs batted in)

Tres historias

Gol de Martino

Fue en 1946. El club uruguayo Nacional iba venciendo al argentino San Lorenzo y cerraba sus líneas de defensa ante las amenazas de René Pontoni y Rinaldo Martino. Estos jugadores habían ganado fama haciendo hablar a la pelota y tenían la mala costumbre de meter goles.

Martino llegó al borde del área. Allí se puso a pasear la pelota. Parecía que tenía todo el tiempo del mundo. De pronto Pontoni cruzó como rayo hacia la punta derecha. Martino se detuvo, alzó la cabeza, lo miró. Entonces los defensas de Nacional se echaron en masa sobre Pontoni, y mientras los galgos perseguían a la liebre, Martino entró en el área como Perico por su casa, eludió al zaguero que quedaba, tiró y fulminó.

El gol fue de Martino, pero también fue de Pontoni, que supo despistar.

Gol de Puskas

Fue en 1961. El Real Madrid enfrentaba, en su cancha, al Atlético de Madrid.

No bien comenzó el partido, Ferenc Puskas metió un gol bis, como había hecho Zizinho en el Mundial del 50. El atacante húngaro del Real Madrid ejecutó una falta, al borde del área, y la pelota entró. Pero el árbitro se acercó a Puskas, que festejaba con los brazos en alto:

—*Lo lamento* —se disculpó—, *pero yo no había pitado.*

Y Puskas volvió a tirar. Disparó de zurda, como antes, y la pelota hizo exactamente el mismo recorrido: pasó como bola de cañón sobre las mismas cabezas de los mismos jugadores de la barrera y se coló, como el gol anulado, por el ángulo izquierdo de la meta de Madinabeytia, que saltó igual que antes y no pudo, como antes, ni rozarla.

Eduardo Galeano, *El fútbol a sol y sombra*, Siglo XXI Editores, S.A. de C.V., pp. 95, 128 y 160.

Gol de Maradona

Fue en 1973. Se medían los equipos infantiles de Argentinos Juniors y River Plate, en Buenos Aires.

El número 10 de Argentinos recibió la pelota de su arquero, esquivó al delantero centro del River y emprendió la carrera. Varios jugadores le salieron al encuentro: a uno se la pasó por el jopo, a otro entre las piernas y al otro lo engañó de taquito. Después, sin detenerse, dejó paralíticos a los zagueros y al arquero tumbado en el suelo, y se metió caminando con la pelota en la valla rival. En la cancha habían quedado siete niños fritos y cuatro que no podían cerrar la boca.

Aquel equipo de chiquilines, *Los Cebollitas*, llevaba cien partidos invicto y había llamado la atención de los periodistas. Uno de los jugadores, *El Veneno*, que tenía trece años, declaró:

—*Nosotros jugamos por divertirnos. Nunca vamos a jugar por plata. Cuando entra la plata, todos se matan por ser estrellas, y entonces vienen la envidia y el egoísmo.*

Habló abrazado del jugador más querido de todos, que también era el más alegre y el más bajito: Diego Armando Maradona, que tenía doce años y acababa de meter ese gol increíble.

Maradona tenía la costumbre de sacar la lengua cuando estaba en pleno envión. Todos sus goles habían sido hechos con la lengua afuera. De noche dormía abrazado a la pelota y de día hacía prodigios con ella. Vivía en una casa pobre de un barrio pobre y quería ser técnico industrial.

EJERCICIOS

RECOGNIZING POETIC DEVICES

Consider the following examples of artistic expression in these three selections.

haciendo hablar a la pelota	"making the ball talk"
cruzar como rayo	"to cross (the field) like lightning"
los galgos perseguían a la liebre	"the greyhounds went after the hare"
como Perico por su casa	"like Perico entering his own house"
como bola de cañón	"like a cannonball"
habían quedado 7 niños fritos	"seven boys were fried"

USING COGNATES, CONTEXT, AND WORD FORMATION TO DETERMINE MEANING

A Answer the following questions about the first selection, *Gol de Martino*.

1 *¿Qué año era?* _____

2 *¿Qué equipos jugaban?*

_____

3 *¿Quiénes estaban ganando al principio?* _____

4 *¿Para qué equipo jugaban Pontoni y Martino?* _____

5 *¿Cuál era su "mala costumbre"?* _____

6 *¿Quién tenía la pelota al borde del área?* _____

7 *¿Qué hizo Pontoni para despistar al otro equipo?*

_____

8 *¿Qué hicieron los defensas de Nacional?* _____

9 *¿Quién metió el gol?* _____

B Answer the following questions about the second selection, *Gol de Puskas*.

1 *¿Cuándo fue el partido?* _____

2 *¿Quiénes jugaban?* _____

3 *¿Quién hizo el primer gol, y para qué equipo jugaba?*

_____

4 *¿De qué nacionalidad era este jugador?* _____

5 *¿Por qué no aceptó el gol el árbitro?* _____

6 *¿Qué pasó después?* _____

C Answer the following questions about the third selection, *Gol de Maradona*.

1 *¿Cuándo y dónde fue el partido?* _____

2 *¿Quiénes jugaban?* _____

3 *¿Qué número tenía el chico que hacía milagros con la pelota?* _____

4 *¿Cuántos partidos llevaba invicto el equipo Los Cebollitas?* _____

5 *¿Quién dijo que nunca jugarían por dinero?* _____

6 *¿Quién hizo el gol increíble?* _____

7 *¿Qué quería ser este chico?* _____

El cine y el teatro

Películas hispanas ganadoras al Óscar por Mejor Película de Habla no Inglesa

Año	Título y director	País	Actores principales	Sinopsis
1982	*Volver a empezar* José Luis Garci	España	Antonio Ferrandis, Encarna Paso	Historia de amor que transmite serenidad, esperanza y fe en el ser humano y en la vida
1985	*La historia oficial* Luis Puenzo	Argentina	Norma Aleandro, Héctor Alterio	Una profesora toma consciencia del terrorismo y de los eventos trágicos que ocurrieron durante la dictadura militar en su país.
1993	*Belle Époque* Fernando Trueba	España	Ariadna Gil, Penélope Cruz	Días de amor y amistad, de alegría y tristeza, de placer y dolor—la "bella época" que pasó un joven con las cuatro hijas de su anfitrión
1999	*Todo sobre mi madre* Pedro Almodóvar	España	Cecilia Roth, Marisa Paredes, Penélope Cruz	Tras la muerte de su hijo, una mujer decide buscar al padre del hijo, quien ni sabía que ella esperaba un hijo suyo cuando se separaron.

Año	Título y director	País	Actores principales	Sinopsis
2004	*Mar adentro* Alejandro Amenábar	España	Mabel Rivera, Javier Bardem	Historia de amor que toca el tema de la eutanasia y el derecho de morir con dignidad
2009	*El secreto de sus ojos* Juan José Campanella	Argentina	Ricardo Darín, Soledad Villamil, Pablo Rago	Al jubilarse, un empleado del Juzgado Penal decide escribir una novela y a la vez saber los verdaderos hechos respecto a un crimen que nunca se resolvió.

EJERCICIOS

SKIMMING FOR GENERAL MEANING

A Skim the selection quickly, then complete the sentence.

The countries _____ and _____

have won Oscars for _____ .

SCANNING FOR DETAILS

B Scan the selection to find the information needed to answer the following questions, then write the answers below.

1 What Argentine films won the Oscar?

_____

2 What actress was in more than one movie that won an Oscar?

_____

3 Which movie has death as a major theme?

_____

4 In which two movies is the main protagonist a woman?

_____

_____

5 Which movie would you most likely classify as a "feel-good" movie?

_____

Solas

Una película de Benito Zambrano

Sinopsis

En un barrio pobre y conflictivo de una gran ciudad, madre e hija se ven obligadas a convivir. María, la hija, embarazada de un hombre que no quiere saber nada de ella, malvive limpiando.

El vecino de arriba es un viejo huraño que vive con su perro Aquiles.

La madre, pese a las dificultades que pasan, se empeñará en romper la dureza de María y cambiarla con su dulzura. También querrá terminar con la soledad del vecino. Su mensaje es claro: sólo el amor puede ayudarles a atravesar con dignidad el largo túnel de sus vidas.

El director

Nacido en Lebrija (Sevilla) en 1965, Benito Zambrano se licenció en guión y dirección por la Escuela Internacional de Cine y Televisión de San Juan de los Baños (La Habana, Cuba). En 1995, presentó su mediometraje *El encanto de la luna llena,* recibido con aplausos y premios en los festivales de Friburgo (Suiza), Huesca, Museum of Contemporary Art (Sydney, Australia), entre otros.

Solas es su ópera prima. Presentada en la Sección Panorama del reciente Festival de Berlín, ha conseguido una mención CICAE (Crítica Internacional) y una mención especial del Jurado Ecuménico, formado por las organizaciones eclesiásticas protestantes y católicas. Prensa y público apoyaron la apuesta valiente de esta película que narra el encuentro y el desencuentro de una madre y una hija en un entorno conflictivo. El film, en su estreno, parte como rotunda ganadora.

El equipo

Los escasos cien millones de pesetas que ha costado *Solas* no andan parejos con la incuestionable calidad del film, como ha sido reconocido en el Festival de Berlín, 1999. Sevilla es el escenario principal de

---

Cine Renoir, Cine Princesa, Madrid.

esta historia de perdedores fotografiada por Tote Trenas, brillante ilu-
minador de películas desde 1986. Uno de los músicos que colabora en
Solas es el guitarrista Tomatito, que acompaña a la cantante Neneh
Cherry en la canción *Woman* de la banda sonora original de la película. La actriz principal es Ana Fernández (María en *Solas*). Sevillana
de nacimiento, Ana Fernández, hasta ahora, ha sido una de las voces
más importantes del doblaje español. También se ha destacado en el
film *Yerma* y en otras producciones de cine, teatro y televisión. Éste es
su primer papel protagonista. María Galiana (la madre en *Solas*) es
una actriz que ha trabajado con buena parte de los mejores directores
del cine español. *Solas* es su primer papel estelar. Carlos Álvarez-
Novaa, también sevillano como sus compañeras, es un actor con mayor experiencia en el teatro.

EJERCICIOS

USING WORD FORMATION TO DETERMINE MEANING

🔍 Sometimes a prefix is added to a verb to give it a more specific meaning.

> *sobre* + *vivir* → *sobrevivir*
> over   to live   to survive

A Find two verbs in the selection that feature *vivir* with a prefix, then write
the verbs and the English meaning of each.

1 _____   _____

2 _____   _____

🔍 The prefix *des-* can indicate an opposite meaning.

VERB		NOUN	
aparecer	to appear	*la aparición*	the appearance
desaparecer	to disappear	*la desaparición*	the disappearance
esperar	to hope	*la esperanza*	the hope
desesperar	to despair	*la desesperanza*	the despair

B Find the following words in the selection, then write the meaning of each.

1 *el encuentro* _____

2 *el desencuentro* _____

🔍 The suffix -*eza* may be added to an adjective to describe its essence. The resulting form is a feminine noun.

sutil	subtle	*la sutileza*	the subtlety
gentil	kind	*la gentileza*	the kindness

C If *duro* means "hard/tough," what does *la dureza* mean?

_____

🔍 The suffix -*ura* may also be added to an adjective to describe its essence. The resulting form is a feminine noun.

amargo	bitter	*la amargura*	the bitterness
tierno	tender	*la ternura*	the tenderness

D Following the -*ura* pattern, write the noun corresponding to each of the following adjectives.

1 *hermoso* _____

2 *gordo* _____

3 What does *la dulzura* mean? _____

E Find the nouns in the selection that correspond to the following words in English, then answer the questions that follow.

1 loneliness _____

2 city _____

3 dignity _____

4 quality _____

5 difficulty _____

6 What suffix do they all have? _____

7 What gender are they? _____

F Find the nouns in the selection that correspond to the following words in English, then answer the questions that follow.

1 direction (theatrical) _____

2 television _____

3 mention _____

4 song _____

5 production _____

6 What suffix do they all have? _____

7 What gender are they? _____

El guión ("script," from *guiar* "to guide") is masculine, like *el avión* ("airplane").

G Write the Spanish equivalent of each verb below. Then find the noun in the selection that designates a person whose job or lifestyle involves each activity, and write both the masculine and feminine nouns.

	VERB	NOUNS
1 to win	_____	_____
2 to lose	_____	_____
3 to do the lighting	_____	_____
4 to direct	_____	_____

5 What suffix do these words use to indicate a male? _____

a female? _____

RECOGNIZING FALSE COGNATES

Following are Spanish phrases with their English meaning.

estar embarazada   to be pregnant
tener vergüenza   to be embarrassed

H Complete the following sentences.

1 *Su madre* _____ *de su gordura.*

                is embarrassed

2 *Su madre* _____.

                is pregnant

USING CONTEXT TO DETERMINE MEANING

I Read each sentence, then write the meaning of the word(s) that appear in bold type.

1 *Madre e hija* **se ven** *obligadas a convivir.* _____

2 *Es un viejo* **huraño** *que vive con su perro.* _____

3 *La madre* **se empeñará** *en romper la dureza de su hija.*

_____

4 *Van a* **atravesar** *el largo túnel de sus vidas.* _____

5 *La madre y la hija viven en un* **entorno** *conflictivo.*

_____

6 *La película es* **rotunda** *ganadora.* _____

7 El **estreno** de su nueva película será el próximo mes.

   _____

8 La voz de Ana Fernández es una de las más importantes del **doblaje**
   de las películas extranjeras en España. _____

9 La actriz **juega el papel** de la hija en esta película.

   _____

10 La película dura una hora, es un **mediometraje**.

   _____

Todo sobre mi madre

En el año 1999 Pedro Almodóvar recibió en Hollywood el Óscar por la mejor película extranjera, titulada *Todo sobre mi madre*. A continuación está la sinopsis de esta película.

Un refrán griego dice que sólo las mujeres que han lavado sus ojos con lágrimas pueden ver con claridad. El refrán no se cumple con Manuela. La noche que un coche atropelló a su hijo Esteban, Manuela lloró hasta quedar totalmente seca. Y lejos de ver con claridad, el presente y el futuro se confunden en la misma oscuridad.

Esa misma noche, mientras espera en el hospital, lee las últimas líneas que su hijo ha escrito en un bloc de notas del que nunca se separa. "Esta mañana busqué en la habitación de mi madre hasta encontrar un fajo de fotos. A todas les faltaba la mitad. Mi padre, supongo. Tengo la impresión de que a mi vida le falta ese mismo trozo. Quiero conocerlo, no me importa quién sea, ni cómo se haya portado con mamá. Nadie puede quitarme ese derecho...."

Nunca le dijo quién era: "Tu padre murió mucho antes de que tú nacieras" fue lo máximo que Manuela llegó a decirle. En memoria de su hijo, Manuela abandona Madrid y va a Barcelona a buscar al padre. Quiere decirle que las últimas palabras que su hijo escribió iban dirigidas a él, aunque no lo conociera. Pero antes debe decirle al padre, que cuando ella lo abandonó hace 18 años iba embarazada, y que tuvieron un hijo, y que este hijo acaba de morir. También le dirá que le puso de nombre Esteban, como él, su padre biológico antes de que cambiara su nombre.

Manuela va a Barcelona en busca del padre de su hijo. La búsqueda de un hombre que ha cambiado de nombre no puede resultar sencilla. Y en efecto no lo es.

Cine Renoir, Cine Princesa, Madrid.

EJERCICIOS

USING COGNATES TO DETERMINE MEANING

A The following English words and expressions have Spanish cognates. Find the Spanish equivalents in the selection and write them in the space provided.

Nouns (*Sustantivos*)

1	synopsis	_____	6	line
2	refrain	_____	7	note
3	the present	_____	8	the impression
4	the future	_____	9	in memory of
5	hospital	_____		

1 synopsis _____   6 line _____

2 refrain _____   7 note _____

3 the present _____   8 the impression _____

4 the future _____   9 in memory of _____

5 hospital _____

Adjectives (*Adjetivos*)

1 entitled _____   2 biological _____

Verbs (*Verbos*)

1 he received _____

2 they get confused _____

3 he doesn't separate himself from _____

4 to encounter _____

5 she abandoned him _____

6 to result _____

Adverb (*Adverbio*)

1 totally _____

RECOGNIZING FALSE COGNATES

	abandonar	can mean "to abandon" when it is followed by a noun referring to a person, but it means "to leave" when it is followed by the name of a place
	continuación	can mean "continuation," but a *continuación* means "coming up next"
	embarazada	looks like "embarrassed," but it means "pregnant" ("to be embarrassed" is *tener vergüenza* or *tener pena*)
	en efecto	looks like "in effect," but it means "indeed" or "as a matter of fact"
	oscuridad	looks like "obscurity," but it means "darkness"
	última	looks like "ultimate," but it means "final" or "last"

B Complete the following sentences.

1 *Mucha gente* _____ *la ciudad en el verano porque hace*
                    leaves
   mucho calor.

2 *Es muy difícil ver bien en la* _____.
                                      darkness

3 *Después de* _____ *a su esposo, ella descubrió que estaba*
                   abandoning

   _____.
   pregnant

4 *Vamos a Madrid la* _____ *semana en mayo.*
                           last

5 *Un concierto de música moderna viene* _____.
                                    coming up next

6 *La profesora* _____ *de su error.*
                 is embarrassed

7 *La segunda novela es* _____ *de la primera.*
                         a continuation

USING A SPANISH-SPANISH DICTIONARY TO FIND MEANING

C The following Spanish words in bold type do not have English cognates, but their definitions contain words that have English cognates. Using these clues, write the English meaning of each item.

1 **la película**   *el filme/imágenes cinematográficas*   _____

2 **la mujer**   *persona de sexo femenino*   _____

3 **seca**   *sin agua, sin jugo, sin humedad*   _____

4 **trozo**   *fragmento*   _____

5 **quitar**   *separar*   _____

6 **sencilla**   *sin dificultad*   _____

USING WORD FORMATION TO DETERMINE MEANING

Imperfect subjunctive forms are made from the third-person plural preterite forms by subtracting the *-on* and adding *-a*, etc.

hablaron	*hablara*
comieron	*comiera*
tuvieron	*tuviera*

These forms follow expressions like *antes de que* and *aunque (no)* when they refer to past action.

antes de que fuera abogado	before he was a lawyer
antes de que vendiera su casa	before she sold her house
antes de que compraras ese coche	before you bought that car

antes de que dijera la verdad	before she told the truth
aunque trabajara en la ciudad	even though he worked in the city
aunque no hablara español	even though he didn't speak Spanish
aunque siempre comiera sola	even though she always ate alone
aunque saliera todas las noches	even though she went out every night

D The following imperfect subjunctive clauses are taken from the selection; write their English meaning in the space provided.

1 *aunque no lo conociera* _____

2 *antes de que tú nacieras* _____

3 *antes de que cambiara su nombre* _____

REREADING FOR COMPREHENSION

E Read the article again, then answer the following questions.

1 What prize did this movie win? _____

2 What was the mother's name? _____

3 What was the son's name? _____

4 What was the father's real name? _____

5 Where did the mother go in order to find the father?

_____

6 Was it easy for her to find him? _____

7 Does this movie appeal to you? _____

Carlos Saura

El más destacado y reconocido director español, Carlos Saura, nació en 1932. Estudió periodismo y cine antes de realizar su primera cinta, el corto *Cuenca*. Rápidamente se movió hacia la vanguardia del cine español. Su obra incluye *El jardín de las delicias, Cría cuervos,* la trilogía *Bodas de sangre, Carmen, El amor brujo, Sevillanas, Taxi* y *Tango.*

Saura regresa a la gran forma demostrada en su extraordinaria trilogía flamenca con una glamorosa y refinada producción, una película que ha titulado sencillamente *Flamenco*. Este gran espectáculo de flamenco es de 100 minutos de duración y comienza con una actuación espontánea de un grupo de cantaores, bailaores y músicos que expresan sus sentimientos a través de la música y de sus cuerpos. A partir de este impresionante principio, Saura captura unas maravillosas interpretaciones que van desde el ballet y lo clásico a lo popular y hasta lo experimental, lo narrativo y lo pantomímico. Hombres, mujeres, jóvenes, viejos, fandango, tango, tarantelas: todos están representados en este extraordinario film.

Saura combina todos los recursos teatrales, musicales y cinematográficos a su disposición. Pantallas en blanco, espejos y luces de colores crean el efecto de una travesía músico-visual desde el atardecer hasta el amanecer. *Flamenco* es una de las grandes películas de Saura y uno de los mejores films de baile de todos los tiempos.

---

www.flamenco-world.com.

EJERCICIOS

USING COGNATES TO DETERMINE MEANING

A The following English words have cognates that appear in the selection. Write the Spanish equivalent of the English words.

Sustantivos

1 director _____

2 short (film) _____

3 vanguard/
   avant-garde _____

4 trilogy _____

5 production _____

6 length/
   duration _____

7 the acting _____

8 group _____

9 feeling/
   sentiment _____

10 music _____

11 interpretation _____

12 resource _____

Adjetivos

1 extraordinary _____

2 glamorous _____

3 refined _____

4 spontaneous _____

5 impressive _____

6 of the theater _____

7 of music _____

8 blank _____

Verbos

1 move _____

2 include _____

3 commence _____

4 express _____

5 capture _____

6 represent _____

7 combine _____

Adverbio

1 rapidly _____

USING WORD FORMATION TO DETERMINE MEANING

The construction *lo* + masculine singular adjective expresses the essence of the adjective as an abstract noun.

lo difícil   what is difficult
lo interesante   what is interesting

B The Spanish equivalent of the following phrases can be found in the selection. Write them in the space provided.

1   what is classic   _____

2   what is popular   _____

3   what is experimental   _____

4   what is narrative   _____

5   what is like pantomime   _____

USING CONTEXT AND COGNATES TO DETERMINE MEANING

C Each word in the first column appears in the selection. Consider its context there, then match it with the most appropriate expression in the second column.

1   _____ *destacado*   **a** *video*

2   _____ *periodismo*   **b** *cristal que refleja*

3   _____ *cinta*   **c** *jornada*

4   _____ *baile*   **d** *la parte del televisor donde aparecen las imágenes*

5   _____ *pantalla*   **e** *danza*

6   _____ *espejo*   **f** *extraordinario*

7   _____ *travesía*   **g** *escritura*

UNDERSTANDING EXPRESSIONS

D The English expression "from sunup to sundown" can be expressed in Spanish as *durante todo el día* or *desde el amanecer hasta el atardecer.*

Write the words in the selection that mean *"durante toda la noche."*

_____

Yo nunca quise ser escritor

Cuando terminaba sus estudios de periodismo en la Universidad de Chile, Alberto Fuguet descubrió, casi sin darse cuenta, su afinidad con la literatura. «Quería escribir como no me dejaban hacerlo mis profesores», dice. Publicó muy pronto *Sobredosis,* su primer libro de cuentos, y desde entonces se apartó un poco del periodismo y de la crítica de cine—una de sus pasiones—para dedicarse a la escritura, incluso, de guiones cinematográficos. Publicó con éxito las novelas *Mala onda* y *Por favor, rebobinar.* El año pasado se estrenó en Chile la película *En un lugar de la noche,* basada en un guión suyo, y hace pocos meses se presentó en Santiago *Tinta roja,* largometraje dirigido por Francisco Lombardi (*Pantaleón y las visitadoras*), basado en la novela homónima de Fuguet. Esta película relata, como en el libro, la vida de Alfonso, un periodista que termina trabajando en *El Clamor,* un diario sensacionalista de Santiago.

SEMANA *¿En qué momento dio el salto del periodismo a la literatura?*

ALBERTO FUGUET Yo nunca quise ser escritor. Me imagino que después tomé esa decisión porque el periodismo no me daba lo que yo quería que me diera. Yo, de chico, aparte de ser bombero quería ser periodista y, sobre todo, crítico de cine porque, además, era la manera que me parecía más fabulosa de ver películas gratis. Pero escritor como tal no. Yo leía más revistas y diarios que libros. Fue terminando la escuela de periodismo que recién se me ocurrió escribir, no antes. Mis primeros cuentos los escribí como para compensar esa "pirámide invertida" que nos inculcaban en la universidad.

SEMANA *¿Por qué se alejó de la crítica de cine cuando publicó su primer libro?*

AF Para mí las películas son iguales que los libros, son más difíciles, creo yo, y más caras. Me daba miedo atacar a alguien y sentir que esa persona podía ser herida como yo. Por eso me alejé de la crítica. Ahora, 10 años después, he vuelto con una columna semanal en el diario *El Mercurio.* Y está bueno, no las puedo ver antes sino que las veo con el público. Algo que he concluido con mi jefe es que los críti-

Semana, 27 de agosto de 2001, pp. 72–73. Reproducida aquí con el permiso de *Semana Magazine,* Colombia.

cos son personas extrañas. Con *Tinta roja*, un amigo mío que es crítico me dijo sobre el estreno: estuvo helado. Sí, así, frío. Y después me di cuenta que era una opinión de crítico. Este año que estoy escribiendo de cine no puedo ver las películas con los críticos, las veo con el público. Es lo mejor para no hacer esos comentarios.

SEMANA *¿Qué directores de cine admira?*

AF A todos. Me gusta el cine en general. Depende del estado de ánimo. No me gusta lo que se llama "artista-artista" en el que uno tiene que mentir a la salida del teatro, posando de intelectual. En general me siento más norteamericano. En una época amé a Brian de Palma. Me encantan Truffaut, Spielberg, Woody Allen.

SEMANA *¿'Tinta roja' la escribió pensando en una posible película?*

AF Totalmente. Cada capítulo era como una escena. Había un plano general y después me iba a los diálogos. Con *Tinta roja*, aparte del mundo policial, yo quería que un estudiante de periodismo también se identificara. Pero el libro no es "antiperiodismo" ni "antiperiodismo amarillo". Es casi celebratorio. Hay una cosa que me enseñó mi jefe verdadero y que está en la novela: *"No se te olvide nunca que siempre alguien te va a leer"*.

SEMANA *¿Le gustó la versión cinematográfica de 'Tinta roja'?*

AF Lombardi es un cineasta bueno. El libro está muy bien resumido. Yo sé que no es el libro. La adaptación es bastante más conservadora de lo que yo la hubiera hecho. La película es más romántica que el libro. Se filmó en Lima y a los chilenos eso les molestó. Yo estoy muy contento porque la calidad de los actores es muy buena.

EJERCICIOS

RECOGNIZING FALSE COGNATES

Following are Spanish words with their English meaning.

la salida	the exit
con éxito	successfully
los sucesos	the events

A Complete the following sentences.

1 *Vamos a* _____ *del teatro.*
   the exit

2 *Vamos a recapitular* _____ *de la tarde.*
   the events

3 _____ *de la pieza nos sorprendió.*
   The success

USING WORD STUDY TO DETERMINE MEANING

Consider the formation and meaning of the following Spanish words.

criticar	verb	to criticize
crítica	adjective	critical, referring to *una crisis*, as in *una situación crítica*
la crítica	noun	the opinion, the writing of reviews
el crítico/la crítica	noun	the critic, the reviewer

B Complete the following sentences.

El _____ *fue duro con la película.* _____
     critic/reviewer   He criticized

la dirección, la actuación y la escenografía. Esperamos que

_____ *del público sea más favorable. Yo no quisiera*
the opinion

dedicarme a _____.
                            the writing of reviews

USING WORD FORMATION TO DETERMINE MEANING

The word *se* has a number of uses in Spanish. It may be used with a verb in the third person to give more emphasis to the action than to the actor.

Se estrena la película el jueves.   The movie is being shown for the first time on Thursday.

C In the selection, find the *se* construction with the verb in the past tense, then write the Spanish equivalent of the following sentence.

The movie was shown for the first time in Chile last year.

_____

D Write the English equivalent of the following sentences.

1 *La película se presenta la próxima semana.*

_____

2 *La película se presentó la semana pasada.*

_____

3 *Se filmó la película en Lima.*

_____

> *Se* attached to the end of an infinitive indicates a verb that must always be used with a reflexive pronoun.
>
> | *dedicarse* | *Me dedico a mis estudios.* | I spend a lot of time studying. |
> | | *Se dedica a su trabajo.* | He is devoted to his job. |
> | | *Tiene tiempo para* | He has time to devote himself |
> | | *dedicarse al trabajo.* | to his job. |
>
> | *alejarse* | to distance oneself/get away from |
> | *apartarse* | to leave/drop/abandon |
> | *darse cuenta de* | to realize |

E The following sentences appear in the selection. Write their English equivalents.

1 *Se apartó del periodismo y de la crítica para dedicarse a la escritura.*

_____

2 *Por eso me alejé de la crítica.*

_____

3 *Y después me di cuenta que era una opinión de crítico.*

_____

> *Se* can be followed by an indirect object pronoun with certain verbs to indicate unplanned occurrences.
>
> | *Se me olvidó.* | I forgot. (It didn't enter my head.) |
> | *Se le ocurrió...* | It occurred to him . . . |
> | *Se me perdió el boleto.* | I lost the ticket. (The ticket got lost.) |

F The following sentences appear in the selection. Write their English equivalents.

1 *Fue terminando la escuela que se me ocurrió escribir.*

_____

2 *"No se te olvide nunca que siempre alguien te va a leer".*

_____

> Compare the imperfect and preterite meanings of the verb *querer*.
>
> | *No quería estudiar; quería salir.* | I didn't want to study; I wanted to go out. (That is what I wanted to do at the time.) |
> | *Quise estudiar, pero no pude.* | I tried to study (during that entire period of time), but I didn't manage to do it. |
> | *Nunca quise estudiar.* | I didn't want to study (during that entire period of time), and I didn't. |

| *No quise estudiar.* | I never intended to study./I refused to study. |

G In the following sentences, tell whether the action is being described **during the period** in the past or **after it is over**.

1 *Quería escribir como no me dejaban mis profesores.* _____

2 *No quise ser escritor.* _____

3 *El periodismo no me daba lo que yo quería.* _____

USING CONTEXT TO DETERMINE MEANING

H Read the following sentences, then write the meaning of the words that appear in bold type.

1 *Tomó mucha medicina y sufrió una **sobredosis**.* _____

2 *Después de ver el video, tienes que **rebobinarlo**.* _____

3 *¿Estás enfermo? ¡Qué **mala onda**!* _____

4 *Si me gusta la película depende del **estado de ánimo**. Si estoy de buen humor, me gusta; si estoy de mal humor, no me gusta.* _____

I Find words in the selection that correspond to the following English expressions and write them below.

1 yellow journalism   _____

2 "arty"   _____

SKIMMING FOR GENERAL MEANING

J Read the entire interview quickly, then answer the following questions.

1 Where is Alberto Fuguet from, and what does he do?

_____

2 What are his two separate—but related—professions?

_____   _____

3 What newspaper does he work for? _____

4 Who are some of the filmmakers he admires?

_____   _____

_____   _____

5 What type of film does he dislike the most? _____

6 How did he feel about the movie *Tinta roja*?

_____

Fundación Arlequín Teatro
Temporada 2001

Willy y nosotros

Escenas de amor, humor y muerte del inmortal William Shakespeare, entrelazadas con canciones sobre sus sonetos, serán interpretadas por María Elena Sachero y José Luis Ardissone y cantadas por Ricardo Flecha. Pasarán así la escena del balcón de *Romeo y Julieta,* la muerte de Desdemona de *Otello,* y escenas de *La fierecilla domada, Hamlet* y *Sueño de una noche de verano.* La dramaturgia y dirección serán de José Luis Ardissone y las canciones serán compuestas por Jorge Garbett y Jorge Krauch.

Abran cancha que aquí viene Don Quijote de la Mancha

Sobre la obra cumbre de la literatura española, la autora Adela Basch ha escrito esta deliciosa comedia musical para niños y adolescentes. Con música de Jorge Krauch y dirección de Erenia López, la obra reunirá en el elenco a jóvenes figuras del arte escénico. El estreno está previsto para el mes de julio.

El médico a palos

Del inmortal Molière, la Fundación Arlequín Teatro escogió la divertida comedia *El médico a palos.* Esta obra es un baile de máscaras, donde todos pretenden ser lo que no son. El autor nos presenta a un falso médico, una falsa enfermera, un falso boticario, un falso amor paterno. Y los que no juegan un papel carnavalesco, juegan el papel de crédulos. Esta obra de Molière es una evidente sátira social. Lo sorprendente en ella es que ninguno de los personajes, por lo tanto, ninguno de los grupos que ellos representan, se libra de su pluma mordaz. En el rol del "médico" estará el actor Juan Carlos Cañete, y los demás roles serán cubiertos por Alejandra Ardissone, Julio Saldaña, Rossanna Schembori, María José Cacavelos, Osvaldo Lapuente, Monchi Delvalle, Nelson Aguilera, Armando Gómez y Enrique Vera. El estreno está previsto para el mes de julio.

Reproducida aquí con el permiso de José Luis Ardissone, www.arlequin.com.

Algunas Obras Presentadas

2000

***Palma... del Petit Boulevard al Lido bar* de José Luis Ardissone**
"El espectáculo que nos ofrece Arlequín es para el gusto de toda la familia, nos divierte con humor y nos emociona sin dramatismo, nos invita a mirarnos y a reflexionar sobre nosotros mismos como sociedad".—Gloria Muñoz

1998

***La tierra sin mal* de Augusto Roa Bastos**
"Un monumento teatral a la primicia de la conciencia del hombre, un tema, un autor y una actuación que hacen honor al Paraguay, a su historia y a su gente".—Mons. Lorenzo Baldisseri

1993

***¡Ay, Carmela!* de José Sanchis Sinisterra**
"*¡Ay, Carmela!* es un trabajo sólido, rico y apasionado".—Jorge Aiguadé

1983

***La casa de Bernarda Alba* de Federico García Lorca**
"Al cerrarse el telón uno queda sumergido en una sensación de deseo satisfecho, de admiración por una labor que merece el agradecimiento más profundo".—Noemí Nagy

EJERCICIOS

SCANNING FOR DETAILS

A Answer the following questions.

1 What plays are featured for the 2001 season?

_____   _____

_____

2 Which of these plays could you take a group of children to?

_____

3 Which of these plays are based on the work of authors who are no longer living?

_____   _____

_____   _____

4 Which ones are musicals?

_____   _____

5 Which one is a social satire? _____

6 Which ones will be presented in the month of July?

_____   _____

7 For at least how long has this theater been operating? _____

8 Who is probably the director of this theater? _____

9 Who is probably in charge of the music? _____

10 Of all the plays mentioned in this program, which one is about Paraguay?
Who wrote it?

_____   _____

USING CONTEXT TO DETERMINE MEANING

B Write the English meaning of the words that appear in bold type.

1 *Escenas de amor, humor y muerte del inmortal William Shakespeare,*
entrelazadas *con canciones sobre sus sonetos...*

_____

2 Don Quijote de la Mancha, *la obra* **cumbre** *de la literatura española...*

_____

3 *La obra reunirá en el* **elenco** *a jóvenes figuras del arte escénico.*

_____

4 *Los que no juegan el papel* **carnavalesco**, *juegan el papel de* **crédulos**.

_____   _____

5 *Al cerrarse el* **telón**, *uno queda sumergido en una sensación de deseo...*

_____

El fabricante de deudas

por Sebastián Salazar Bondy

Personajes   Jacinto, *mayordomo. Edad mediana. Simpático y locuaz.*
Luciano Obedot, *el falso rico. 50 años. Tiene muchas*
virtudes, pero muchos más defectos.
Godofreda, *cocinera. Vieja.*
Jobita, *sirvienta. Joven.*

Entra, apresurado, Obedot.

OBEDOT   —¡Jacinto! ¡Llama por teléfono, de mi parte, al señor Obeso
y ruégale que venga, de inmediato, a verme por un asunto extre-
madamente delicado! ¡Pon mucho énfasis en eso de "extremada-
mente delicado"! (*Pausa.*) ¡Corre! (*Cuando Jacinto va a hacerlo.*) ¡No
olvides el whisky y el champán francés! (*Jacinto le interroga con la
mirada y la actitud.*) ¡Arréglate como puedas! ¡Corre!

JACINTO   —Haré lo que esté en mis manos hacer... (*Sale.*)

OBEDOT   —(*A Jobita.*) Tú, anda inmediatamente con el chofer a las
mismas tiendas a las que llevó a la señora anteayer y diles a los
vendedores que te entreguen inmediatamente el pedido. Las cuentas serán pagadas en la casa, al contado, a la sola presentación de
las facturas.

JOBITA   —Sí, señor. (*Va a salir. Se detiene.*) ¿Y si se niegan?

OBEDOT   —Insiste, insiste. Que venga contigo un empleado para pa-
garle aquí mismo en dinero contante y sonante.

JOBITA   —Sí, señor. (*Vuelve a detenerse.*) ¿Y la gasolina para el auto?

OBEDOT   —(*Irritado.*) ¡Que la pague el chofer! ¡No le han de faltar
unos soles en el bolsillo!

JOBITA   —Bien, señor... (*Sale amedrentada.*)

OBEDOT   —(*Entusiasta.*) ¡Y tú, Godofreda, hoy tienes que hacer milagros con las ollas! Se sentará a nuestra mesa esta noche el Marqués de Rondavieja. Estarán también el distinguido señor don
Bernardo Torrecillas, y el señor y la señora Obeso. Siete en total.

GODOFREDA   —(*Tímida.*) Pero, señor...

Carlos Solórzano, *El teatro hispanoamericano contemporáneo; antología*, pp. 205–7.

OBEDOT   —¡Vuela! ¡No hay tiempo que perder!

GODOFREDA   —Pero el verdulero, el carnicero, nadie quiere...

OBEDOT   —(*Intimidante.*) ¿Nadie quiere qué?

GODOFREDA   —Nadie quiere vendernos al crédito ni siquiera una lechuguita.

OBEDOT   —(*Seguro.*) Eso no es problema. Acude a los competidores de esos malos comerciantes. En el país reina el libre comercio.

GODOFREDA   —Pero, ¿cómo les pagaré, señor?

OBEDOT   —Abre cuentas en sus almacenes... (*Ante un gesto escéptico de la mujer.*) Inspírales confianza, que eso franquea las puertas del crédito.

GODOFREDA   —(*Vacilante.*) Lo intentaré, señor. (*Va hacia la puerta. Antes de salir.*) ¡No puedo pagarles con mi plata, lo lamento!

OBEDOT   —(*Va como un rayo hacia ella.*) Godofreda, Godofreda, en el régimen liberal el crédito es toda la riqueza. Si los pequeños comerciantes de este barrio desconocen tan simple y sabio principio económico, practicado aún por nuestro Supremo Gobierno en sus complejas finanzas, es que son unos ignorantes. (*Pausa.*) O, tal vez, unos pérfidos comunistas. (*Pausa.*) Y si tú los encubres, también serás sospechosa de comunismo.

GODOFREDA   —(*Alarmada.*) Yo no, señor... (*Se persigna.*) Ellos, quizá, pero yo jamás.

OBEDOT   —(*Con tono tranquilo.*) Además, si a la postre los proveedores resultan enemigos del orden público y te exigen dinero, dales sin temor del tuyo. Te haré ganar buenos intereses. Diez soles semanales por cada cien de inversión. ¿Te parece bien? Es mucho mejor interés que el de la Caja de Ahorros, ¿no es cierto?

GODOFREDA   —(*Cayendo en la trampa.*) ¿La Caja de Ahorros? ¡Bah, una miseria, señor!

OBEDOT   —(*Triunfal.*) ¿Y cómo es posible, mujer, que sirviendo en mi casa, trabajando en el hogar de un hábil financista, entregues tu dinero a manos agiotistas e inescrupulosas? ¡En adelante, yo seré tu Caja de Ahorros! ¡10% semanal de intereses!

GODOFREDA   —(*Ganada por la codicia.*) ¿Es cierto eso, don Luciano?

OBEDOT   —En este asunto no soy tu empleador. Soy tu socio.

GODOFREDA   —(*Contenta.*) ¡Oh, gracias, señor! ¡Hoy comerá usted manjares celestiales! (*Sale corriendo.*)

EJERCICIOS

SKIMMING FOR GENERAL MEANING

A Read the entire selection quickly, then answer the following questions.

1 Of the four characters in this scene, who are the two most important?

    _____

2 How does Obedot treat his employees? _____

3 Is Obedot an honorable man? _____

4 What does he try to trick Godofreda into doing? _____

USING WORD FORMATION TO DETERMINE MEANING

Command forms in Spanish depend on whether you are addressing a person as *tú* (familiar) or *usted* (formal). *Tú* commands are formed as follows.

Affirmative commands

Drop the *-s* from the present indicative *tú* form.

    llama call   *corre* run   *abre* open

Add any object pronouns to the end of the verb.

    ruégale beg him   *inspírales* inspire (in) them

Be aware of irregular forms in common verbs.

    di tell/say   *pon* put   *haz* do   *sal* leave

Negative commands

Use the following formula.

    no + object pronoun(s), if any + subjunctive form ending in *-s*

    no lo compres   don't buy it
    no los comas   don't eat them
    no lo abras   don't open it

B Find the commands in the selection and write them below.

1	_____	8	_____
2	_____	9	_____
3	_____	10	_____
4	_____	11	_____
5	_____	12	_____
6	_____	13	_____
7	_____	14	_____

USING CONTEXT TO DETERMINE MEANING

__C__ The words *el pedido, las facturas,* and *unos soles* may be unfamiliar to you; however, you can probably guess their meaning when you read them in context. Write the English meaning of the words that appear in bold type.

1 *La señora fue a las tiendas anteayer. Hoy van los empleados para recoger*

   el pedido. _____

2 *No puedes cambiar lo que compraste si no tienes la factura.*

  _____

3 *La señora le pagó diez soles por el periódico.* _____

__D__ Find an expression in the selection that means "cold, hard cash" and write it in the space below.

_____

USING A SPANISH-SPANISH DICTIONARY

__E__ The following words from the selection do not give hints as to their English meaning; however, their Spanish-only dictionary definitions in the second column will help you—and introduce you to new words at the same time. Write the English meaning of each Spanish word.

1 **amedrentada** *intimidada* _____

2 **encubrir** *ocultar* _____

3 **franquear** *abrir, hacer posible* _____

4 **manjares** *platos deliciosos* _____

5 **codicia** *avaricia* _____

6 **socio** *compañero en negocios* _____

7 **jamás** *en ninguna ocasión* _____

UNDERSTANDING HUMOR

__F__ What do you suppose the name "Sr. Obeso" means here?

_____

REREADING FOR COMPREHENSION

G Reread the entire selection, then answer the following questions.

1 *¿Quién es el señor Obedot?*

_____

2 *¿Cómo trata a sus empleados?* _____

3 *¿Qué le pide a Jacinto que haga?*

_____

4 *¿Qué le ordena a Jobita que haga?*

_____

5 *Según Obedot, ¿quién puede pagar la gasolina?* _____

6 *¿Qué van a hacer esta noche?*

_____

7 *¿Quién es el invitado de honor?* _____

8 *¿Cuántas personas estarán en la cena?* _____

9 *Según Obedot, ¿adónde puede ir Godofreda para comprar los comestibles?*

_____

10 *Según Obedot, ¿quién puede pagar si no aceptan crédito?*

_____

11 *¿Qué pretende el señor Obedot?*

_____

12 *¿Cae en la trampa Godofreda?* _____

El arte

Museos

Museo Nacional Villaroy

Ubicado en el distrito de Buenos Aires, en Tegucigalpa. Está abierto de miércoles a domingo, de las 8:30 hasta las 15:30 horas. Guarda arqueología precolombina, colonial, historia natural y muestras etnográficas.

Museo Histórico de la República

La antigua casa presidencial de Honduras es ahora un museo donde se exhibe parte de la historia del país, desde la Independencia de España. Ubicado en el centro de la ciudad capital, antigua casa presidencial de Tegucigalpa, abierto de martes a sábado, de las 9:00 hasta las 12:00 horas y de las 13:30 hasta las 16:00 horas.

Sala Bancatlán

Una valiosa colección privada de objetos prehispánicos, monedas y pinturas de los artistas contemporáneos más importantes de Honduras. Ubicada en la Plaza Bancatlán, en el bulevar Miraflores en Tegucigalpa. Abierto de lunes a viernes, de las 9:00 hasta las 15:00 horas.

Museo del Hombre

Ubicado en la Avenida Cervantes, en el antiguo edificio donde estuvo la Corte Suprema de Justicia en el centro de Tegucigalpa. Este museo exhibe una serie de objetos que muestran la evolución del hombre, además de contar con un antiguo cuarto de restauración de pintura.

El Museo de Antropología e Historia de San Pedro Sula

Invita a todas las familias sampedranas y de ciudades vecinas a disfrutar de un fin de semana diferente visitando las diversas salas en las que se exponen sus valiosas colecciones prehispánicas y coloniales.

---

www.123.hn/Museos.htm.

EJERCICIO

SCANNING FOR DETAILS

A Answer the following questions.

1 Which of these museums are museums themselves—of historic architecture?

_____

_____

2 Where could you go to see contemporary Honduran paintings?

_____

3 Which of these museums have collections of pre-Columbian art?

_____

_____

_____

4 Which of these museums is not located in the capital city of Honduras?

_____

5 Which museum could you visit at noon on a weekday, but not on Sunday?

_____

El arco iris

por Rufino Tamayo

A Olga

Azul como el hondo mar cuando está tranquilo,
verde como el campo en tiempo de lluvia,
naranja como puesta de sol en el otoño,
violeta como reflejo carmesí sobre el mar azul,
magenta como las bugambilias
que adornan nuestros jardines,
ocre como la tierra erosionada de la altiplanicie,
café como la tierra húmeda de fértil trópico,
rosa como conjunción del sol y la luna,
gris como mañana sin sol en día lluvioso,
amarillo como tierno sol en día de primavera,
blanco como el color de la luna llena,
negro como noche sin luna y sin estrellas,
rojo como el fuego que todo lo consume.

EJERCICIO

UNDERSTANDING ARTISTIC DEVICES IN LITERATURE

In this poem, one of Mexico's best-known and most-respected painters uses **simile** to paint his colors. In similes, Spanish *como* corresponds to English "like."

A Read the poem carefully, then answer the following questions in Spanish.

What color...

1 is like the sea when it's still? _____

2 is like the countryside during the rainy season? _____

3 is like the autumn sunset? _____

Mario Mijango, *El otro Tamayo*, Editorial Diana 2000.

119

4 is like the reflection of the sea? _____

5 are like the bougainvilleas? _____

6 is like the land of the high plains? _____

7 is like the humid, fertile land of the tropics? _____

8 is like the combination of the sun and the moon? _____

9 is like a sunless, rainy day? _____

10 is like the sun in springtime? _____

11 is like the full moon? _____

12 is like a moonless, starless night? _____

13 is like the fire that consumes it all? _____

El muralismo mexicano

El muralismo mexicano nació a finales de la década de 1920, cuando el gobierno decidió poner a disposición de los artistas el espacio mural de los edificios públicos. Fue así que los pintores más entusiasmados por una revolución social, sobre todo Diego Rivera, José Clemente Orozco y David Alfaro Siqueiros, trajeron el arte a la gente común. Estos pintores declararon su desprecio por el arte de los círculos ultra-intelectuales y aristocráticos, y se dedicaron al arte "monumental"—un arte que sería propiedad de toda la gente.

El movimiento del monumentalismo tenía como meta resaltar y engrandecer la revolución y la historia del país. Sus temas eran la vida del mexicano común, sus valores y costumbres y la lucha social. Este arte existía para propagar ideas y expresarlas clara y sobriamente.

La belleza de la obra de los muralistas se encuentra en su simplicidad, su vitalidad y su originalidad en capturar, con colores fuertes y formas grandes, el sabor de México y esos momentos de su historia.

EJERCICIOS

SKIMMING FOR GENERAL MEANING

A Read the selection quickly, then answer the following questions.

1 What country's best-known art is described here? _____

2 When did the painting of murals on public walls begin there?

_____

USING COGNATES TO DETERMINE MEANING

B Find the words in the selection that are cognates of the English words below
and write them in the space provided.

Nouns (*Sustantivos*)

1	artist	_____	9	history	_____
2	circle	_____	10	idea	_____
3	color	_____	11	moment	_____
4	custom	_____	12	movement	_____
5	decade	_____	13	painter	_____
6	disposition	_____	14	revolution	_____
7	form	_____	15	space	_____
8	government	_____	16	value	_____

Adjectives (*Adjetivos*)

1	mural	_____	5	common	_____
2	public	_____	6	ultra-intellectual	_____
3	enthusiastic	_____	7	aristocratic	_____
4	social	_____			

UNDERSTANDING WORD FORMATION

The suffix *-idad* indicates a feminine noun; it is often added to an adjective
to express its essence.

especial	*la especialidad*
feliz	*la felicidad*

C Write the noun that is formed from each of the following adjectives.

1 *vital* _____

2 *original* _____

3 *creativo* _____

4 *genial* _____

🔎 A noun ending in *-ismo* indicates a movement involving a group of people with a common interest. An individual member of that group, male or female, is identified by the suffix *-ista*.

el muralista	the male muralist
la muralista	the female muralist

D Following the same pattern, write the missing forms below.

	MOVEMENT	INDIVIDUAL MEMBER
1	*el socialismo*	_____
2	*el monumentalismo*	_____
3	*el cubismo*	_____
4	_____	*el/la surrealista*
5	*el expresionismo*	_____
6	_____	*el/la futurista*
7	*el impresionismo*	_____
8	*el modernismo*	_____

🔎 Actions that began and ended in the past are expressed by the preterite tense. Third-person endings in this tense for most verbs are as follows.

USTED/ÉL/ELLA	USTEDES/ELLOS/ELLAS
-ó/-ió/-o	*-aron/-ieron/-eron*

Preterite forms of the verb *ir* ("to go") are as follows.

fue	*fueron*

E Find the preterite verbs in the selection that correspond to their English cognates below and write them in the space provided.

1 decided _____

2 declared _____

What do the following words mean?

3 *capturó* _____

4 *propagaron* _____

5 *expresaron* _____

USING CONTEXT TO DETERMINE MEANING

F Read the following sentences, then write the meaning of the words that appear in bold type.

1 *El muralismo mexicano **nació** a finales de la década de 1920.*

_____

2 *Los muralistas **trajeron** el arte a la gente común.* _____

3 *Estos pintores **se dedicaron** al arte "monumental".* _____

4 *El arte monumental es **propiedad** de toda la gente.* _____

5 *La **meta** del gobierno es tranquilizar a la gente.* _____

6 *La meta del arte fue **resaltar** y **engrandecer** la revolución.*

_____ _____

7 *Uno de los temas fue la **lucha** social del mexicano común.*

_____

REREADING FOR COMPREHENSION

G Read the entire selection again, then answer the following questions.

1 What was the purpose of the first mural painting in Mexico?

_____

2 Who were the most important artists?

_____ _____

_____

3 What is "monumental art"?

_____

4 What distinguishes these mural paintings?

_____

Frida Kahlo

Magdalena Carmen Frida Kahlo y Calderón nació el 6 de julio de 1907 en Coyoacán, México, hija de padre alemán de origen húngaro y de madre mexicana. Una niña ya sensible e introspectiva, a los seis años sufrió un ataque de poliomielitis, que la dejó traumatizada y con una pierna malformada. Había sido antes vivaz y sociable, una niña que jugaba fácilmente tanto con los niños de su vecindad como con sus hermanas y sus primos. De repente se encontró aislada, mandada al exilio de su habitación de enferma. Estaba muy sola y tenía que aprender sola a centrarse. Aunque tenía una relación muy estrecha con su padre, él tenía que trabajar y no podía dedicarle el tiempo que ella necesitaba. Su madre, con otras dos niñas en la casa, tampoco tenía mucho tiempo para atenderla, así que, además del dolor terrible de su pierna derecha, tenía que soportar la soledad y el dolor psicológico de la enfermedad. Esta enfermedad la dejó con cicatrices tanto físicas como mentales.

Cuando era joven, Frida usaba pantalones para ocultar su pierna malherida. Más tarde, la escondía debajo de hermosas faldas largas, típicas de la ropa indígena mexicana.

Frida sufrió otras desgracias.

A la edad de 19 años, resultó muy herida en un accidente de tránsito: tenía rotas la columna vertebral, la clavícula, dos costillas, la pierna y el pie derechos y encima, la pelvis fracturada y el hombro dislocado.

En 1929 se casó con el pintor Diego Rivera—un genio intrigante y ya exitoso, pero también un hombre viejo, gordo, mujeriego, dos veces divorciado y padre de tres hijos. A su lado vivió maravillas, alegrías, torturas y sufrimientos que sólo se pueden imaginar de un matrimonio poco convencional de dos personas poco convencionales. Lo cierto es que juntos compartieron una gran amistad, un amor profundo, la alegría de vivir, una dedicación al arte y una preponderante pasión por México.

Frida Kahlo supo transferir todos los elementos de su ser—su belleza, su fragilidad, sus sufrimientos, sus alegrías, sus tormentas y sus pasiones—a todos sus proyectos. Nos ha regalado una obra no solamente conmovedora, sino magnífica por su expresión intensamente humana.

EJERCICIOS

SKIMMING FOR GENERAL MEANING

A Read the entire selection quickly, then answer the following questions.

1 What nationality is Frida Kahlo? _____

2 Who was her husband? _____

USING WORD FORMATION TO DETERMINE MEANING

   The suffix *-mente* indicates an adverb that describes how an action is performed. Such an adverb is often formed by adding *-mente* to the feminine form of an adjective.

    maravillosa   *maravillosamente*
    completa   *completamente*
    inteligente   *inteligentemente*

B Using the same pattern, write the adverb that is formed from each of the following adjectives.

1 *introspectiva* _____

2 *sociable* _____

3 *feliz* _____

4 *psicológica* _____

5 *terrible* _____

6 *física* _____

7 *mental* _____

8 *profunda* _____

9 *preponderante* _____

10 *intensa* _____

   The suffix *-ado/-ido* indicates the past participle form of the verb. This form is often used as an adjective to describe a noun by a completed action.

    traumatizar to traumatize   *traumatizado* traumatized

C Using the verb on the left, write a past participle to describe each noun on the right. Keep in mind that adjectives (including past participles) always agree in gender and number with the nouns they describe.

1 *traumatizar*   *una niña* _____

2 *malformar*   *una pierna* _____

3 *aislar*   *un hombre* _____

4 *herir*   *unos hombres* _____

5 *fracturar*   *el brazo* _____

6 *dislocar*   *el tobillo* _____

7 *divorciar*   *una mujer* _____

8 *romper* (irregular   *la clavícula* _____
   participle: *roto*)

RECOGNIZING FALSE COGNATES

Following are Spanish words with their English meaning.

aislar	to sequester
secuestrar	to kidnap
sensato	sensible
sensible	sensitive

D Complete the following sentences.

1 *La niña era muy* _____.
   sensitive

2 *El jefe es un hombre muy* _____.
   sensible

3 *Intentaron* _____ *a varias personas.*
   kidnap

4 *Ella estaba* _____ *en su cuarto durante largos períodos.*
   sequestered

REREADING FOR COMPREHENSION

E Read the entire selection again, then answer the following questions.

1 When was Frida Kahlo born? _____

2 What are the origins of her last names?

   _____

3 What was she like as a child? _____

4 What two things caused her physical suffering?

   _____   _____

5 How did she like to dress?

   _____

6 What was her married life like? _____

7 What is the most important quality of her work?

   _____

Pablo Picasso

Pablo Ruiz Picasso, pintor y escultor español, oriundo de la isla de Málaga, es considerado por muchos uno de los artistas plásticos más importantes del siglo XX. Fue único y genial en todas sus facetas: inventor de formas, innovador de técnicas y estilos, artista gráfico y escultor. Con más de 20.000 trabajos, fue uno de los creadores más prolíficos de toda la historia.

Es extraordinaria la dedicación a la pintura que tenía Picasso. Trabajaba como investigador científico, con paciencia y constancia. Su obra se destaca por su claridad, locura, gracia, pasión, arrebato, arbitrariedad y burla violenta. En toda esta obra imaginativa y maravillosa—sus dibujos, pinturas, esculturas, litografías—se ve el gran y alegre corazón del artista.

Dijo Picasso:

«Cada niño es un artista. El problema es ¿qué hacer para que siga siendo artista una vez que crezca?»

«Todos quieren entender la pintura. ¿Por qué no tratan de entender la canción de los pájaros?»

«Los ordenadores son inútiles, sólo te pueden dar respuestas.»

«Algo nuevo, algo que valga la pena hacer no puede ser reconocido. La gente simplemente no tiene tanta visión.»

«Dénme un museo y lo llenaré.»

«No existe el arte abstracto. Siempre es necesario empezar por algo. Después se pueden quitar todas las huellas de la realidad.»

«Todos sabemos que el arte no es la verdad. El arte es la mentira que nos hace conocer la verdad—por lo menos la verdad que nos es posible entender.»

«Los malos pintores copian. Los buenos roban.»

«Nada puede hacerse sin soledad. Es difícil hoy estar solo, porque tenemos relojes. ¿Habéis visto un santo con reloj?»

EJERCICIOS

SKIMMING FOR GENERAL MEANING

A Read the first two paragraphs of the selection quickly, then answer the following questions.

1 Who was Pablo Picasso? _____

2 What country was he from? _____

USING CAREFUL OBSERVATION TO FORM OPINIONS

B Read the quotations from Picasso carefully, then answer the following questions.

1 Do you agree strongly with one of these statements in particular? Write the meaning of this statement and explain why you agree with it.

_____

_____

_____

2 Do you disagree with any of these ideas? Write the meaning of the idea and explain why you feel this way.

_____

_____

_____

REREADING FOR COMPREHENSION

C Read the entire selection again, then answer the following questions.

1 In what forms did Picasso express his art?

_____   _____

_____   _____

2 Why is he considered prolific?

_____

3 What qualities distinguish his work?

_____   _____

_____   _____

_____   _____

_____

4 What is apparent in all of his work? _____

Salvador Dalí

Salvador Dalí, pintor catalán, produjo entre los años 1929–1937 las pinturas que lo hicieron el pintor surrealista más famoso del mundo. En ellas, pintó un mundo soñado, en el cual los objetos corrientes se ven en yuxtaposición, deformados o metamorfoseados de una manera extraña e irracional. Estos objetos parecen aun más surreales porque los pintó con meticuloso detalle realista, casi siempre en paisajes vacíos y soleados que recuerdan su tierra natal, Cataluña. Dalí puso su huella en la cinematografía, colaborando con el director Luis Buñuel en la producción de dos películas surrealistas. A fines de los años 30, empezó a pintar en un estilo más académico, a consecuencia de que fue expulsado del movimiento surrealista. Luego hizo varios proyectos comerciales y exploró una variedad de materias que se centraron en su esposa, Gala, y en otros temas que variaban de lo erótico hasta lo religioso. En total, fue un genio capaz de proyectar su ingeniosidad en una variedad de formas plásticas. Hizo que la gente sonriera.

Dalí, en sus propias palabras:

Biografía de Dalí

«El verdadero pintor es aquel que es capaz de pintar escenas extraordinarias en medio de un desierto vacío. El verdadero pintor es aquel que es capaz de pintar pacientemente una pera rodeada de los tumultos de la historia».

Biografía de Gala

«Llamo a mi esposa Gala, Galuxka, Gradiva; Oliva, por lo oval de su rostro y el color de su piel: Oliveta, diminutivo de la oliva; y sus delirantes derivados: Oliueta, Oriueta, Buribeta, Burieueteta, Suliueta, Solibubuleta, Oliburibuleta, Ciueta, Liueta. También la llamo Lionette, porque cuando se enfada ruge como el león de la Metro-Goldwyn-Mayer».

---

www.dali-estate.org/esp/dali1.htm.

EJERCICIOS

SKIMMING FOR GENERAL MEANING

A Read the first paragraph quickly, then answer the following questions.

1 Who was Salvador Dalí? _____

2 Where was he from? _____

USING WORD PATTERNS TO DETERMINE MEANING

🔎 The construction *lo* + masculine singular adjective expresses the essence of the adjective as an abstract noun.

Lo bueno *es que nos ha hecho sonreír.*   The good thing is that he made us smile.

Ella ha hecho **lo imposible** *para ayudarnos.*   She has done the impossible to help us.

B Write the English meaning of the following sentence.

Sus temas varían de lo erótico hasta lo religioso.

_____

RECOGNIZING ARTISTIC EXPRESSION

C In his autobiography, what qualities does Dalí imply are necessary in a true painter?

_____

_____

🔎 **Simile** is an artistic device used to make comparisons.

Sus ojos brillan como las estrellas.   Her eyes shine like stars.
Es tan vivo como un zorro.   He is as sly as a fox.

Alliteration is the repetition of the same sound in successive words or syllables.

El agua **c**antaba su **c**opla **c**orriendo...

D How does Dalí use simile and alliteration in his biography of his wife? Is he an artist in more than one sense of the word?

_____

_____

_____

REREADING FOR COMPREHENSION

E Read the entire selection again, then answer the following questions.

1 What part of Spain was Dalí from? _____

2 What is he best known for?

_____

3 In what media besides painting was his surrealism expressed?

_____   _____

4 What is the usual reaction to his work? _____

Fernando Botero

«¡Pero sí es el hombre que pinta las gordas!», grita una persona que pasa por la playa, y él, esbozando una sonrisa, alza la mano para saludar. Ese es Fernando Botero, un hombre tan importante que no deja de lado su sencillez. Habla con su acento "paisa" (de la región colombiana de Antioquia, donde nació), que no ha perdido a pesar del tiempo que lleva viviendo fuera de su país.

Cada año, y de manera religiosa, Fernando y su esposa, la escultora griega Sophia Vari, van a México a pasar una temporada de descanso, aunque según Botero, el concepto de descanso no existe para un artista. «Yo trabajo 10 horas al día, sin importar donde esté, ni qué día de la semana sea; para mí el trabajo es el mayor placer que existe».

«A los 18 años me fui a Europa en barco; era la primera vez que veía el mar. Ahí estudié Historia del Arte y aprendí las técnicas de los grandes maestros italianos. No tenía dinero. Recuerdo un día en París que me empezó a doler una muela, fui al dentista y dijo que salía más barato sacármela que ponerme una calza, así que me la arrancó».

De cómo y cuándo encontró su estilo, dice «El interés en el volumen está presente en la gran pintura, sobre todo en la del Renacimiento Italiano, que ha sido de gran influencia para mí». Añade que estudió las obras de Diego Rivera y José Clemente Orozco y que sintió gran afinidad por la expresividad y el manejo de volúmenes de éste último, «pero todo sucedió un día en que estaba dibujando una mandolina y le hice el hueco del centro como una pequeña marca. Inmediatamente vi el efecto que tuvo en el instrumento: se deformó, cambió de dimensión». Así nació su muy particular estilo "boteresco", donde el volumen juega un papel preponderante.

En su pintura, Botero no sigue los patrones de la moda, sino su propia concepción del arte, inspirado en la realidad latinoamericana y en los recuerdos de su infancia en Medellín. Este artista, que define su estilo como "realidad imaginaria", se resiste a aceptar que pinta

---

Adaptada de Adriana Dávila, "Fernando Botero en Zihuatanejo", *Quién*, 1 de julio de 2001, pp. 85–87.

gordas; según su explicación, lo que hace es tratar de crear la sensualidad a través de la forma y el volumen. «Exagero, pero no invento. En mis cuadros no hay nada imposible, sino improbable».

EJERCICIOS

USING CONTEXT TO DETERMINE MEANING

A Read each of the following sentences, then write the meaning of the words that appear in bold type.

1 a *Mi amigo me saluda,* **esbozando** *una sonrisa.* _____

   b **esbozar** _____

2 a **Alza** *la mano para saludar.* _____

   b **alzar** _____

3 *Sale más barato sacarle el diente que ponerle una* **calza**.

   _____

4 *Hice el* **hueco** *del centro de la mandolina como una pequeña marca.*

   _____

RECOGNIZING FALSE COGNATES

🔎 Following are Spanish words with their English meaning.

resistirse a/negarse a/no querer	to refuse
resistirse a	to resist
resistir/aguantar/soportar	to bear/stand
apoyar	to support (physically or with facts)
sostener	to support (physically)
sustentar	to support (with facts)
mantener	to support (financially)

B Complete the following sentences.

1 *Mi hermana* _____ *las películas violentas.*
                can't stand

2 *Mi hermana* _____ *mis decisiones.*
                supports

3 *Mi hermana* _____ *los postres de chocolate.*
                can't resist

4 *Mi hermana* _____ *que su amiga se mude a otra ciudad.*
                refuses to accept

USING PATTERN FORMATION TO DETERMINE MEANING

 The verb *llevar* followed by a gerund (*-ndo*) form indicates that an activity has been going on for a certain period of time.

Llevo cinco años viviendo en esta ciudad.	I've been living in this city for five years.
Llevan casi una hora hablando por teléfono.	They've been talking on the telephone for almost an hour.

C Following the same pattern, write the Spanish equivalent of the following sentences.

1 Botero has been living outside his country for some time.

_____

2 She has been painting for twenty years.

_____

3 We've been waiting for you for thirty minutes.

_____

USING DISCOURSE MARKERS TO DETERMINE MEANING

 a pesar de despite/in spite of

*Botero no pierde su acento, **a pesar del** tiempo que lleva viviendo fuera de su país.*	Botero doesn't lose his accent, **in spite of** the time he's been living abroad.
*El hombre no se cansa, **a pesar de** las horas que trabaja.*	The man doesn't get tired, **in spite of** the hours he's been working.

no... sino... corrects a negative statement

*Botero **no** es mexicano, **sino** colombiano.*	Botero isn't Mexican; he's Colombian.
*En sus cuadros **no** hay nada imposible, **sino** improbable.*	In his paintings there is **nothing** that is impossible, **but** much that is improbable.

D Using *a pesar de* or *no... sino*, complete the following sentences.

1 *Ella no está contenta aquí, _____ que tiene muchos amigos.*

2 *Ella no está contenta, _____ triste.*

3 *Mi amigo no trabaja solamente aquí, _____ en otro lugar también.*

4 *Mi amigo siempre sonríe, _____ sus preocupaciones.*

5 *Carolina sigue estudiando, _____ la dificultad de la materia.*

UNDERSTANDING IDIOMS

Most languages have expressions whose literal translation into other languages makes no sense; these are called "idioms" (*modismos* in Spanish).

jugar un papel	to play a part
escribir un trabajo	to write a paper

E Complete the following sentences.

1 *Madonna* _____ *de Evita en la película.*
   plays the part

2 *Evita* _____ *importante en la historia de Argentina.*
   plays a part

3 *Tengo que* _____ *sobre la historia de Argentina.*
   write a paper

REREADING FOR COMPREHENSION

F Read the entire selection again, then answer the following questions.

1 *¿De dónde es Fernando Botero?* _____

2 *¿Qué característica tienen muchos de los personajes de sus pinturas y esculturas?* _____

3 *Para Botero, ¿cuál es el mayor placer de la vida?* _____

4 *Cuando era joven y estudiaba en Europa, ¿era rico o pobre?* _____

5 *¿Por cuál de los pintores mexicanos siente afinidad?*

_____

6 *¿Cómo define Botero su estilo?* _____

A la manera de Frida Kahlo

por Gladys Ilarregui

A veces yo perdía los anteojos
y se me perdía el mundo o daba vueltas la página
y una lágrima me ablandaba la silla o solamente
estaba en medio de una habitación inmaculada
mientras mis riñones soltaban charcos de sangre
y la infancia se hundía con camisones sin florcitas
y pies rosados, y afuera, en la ventana la plaza
aparecía repleta de palomas.

yo hubiera olvidado el abecedario por una corona
de manos, de niños haciendo una ronda hasta que
el sol caía, no como una transfusión sino como un
sol cansado, hasta que las mamás volvían con sus
"se acabó el juego" y el juego terminaba inocente
sin muñecas rotas, sin piezas de mecano que se ausentan
con un "hasta mañana"…

Guía para perplejos, p. 41. Poema reproducido aquí con el permiso de la autora, gladys@udel.edu.

EJERCICIOS

APPRECIATING POETRY THROUGH ANALYSIS AND REPETITION

A One of the functions of the imperfect tense in Spanish is to describe activities that occurred over and over. The following exercise is designed to help the reader sense the pain and aching monotony of this child's existence. Find the expression in the first half of the poem that corresponds to each of the following phrases in English, and write it in the space provided.

1 and a tear would make the chair seem softer

_____

2 and I felt like I'd lost the whole world

_____

3 or a page would turn

_____

4 I would be in the middle of an immaculate room

_____

5 and my childhood drowned in plain nightgowns and pink feet,

_____

6 while my kidneys would spill puddles of blood

_____

7 while outside, in the window, the plaza would be full of pigeons

_____

8 Sometimes I lost my glasses

_____

Now recreate the poem by rewriting the Spanish lines in their original order.

_____

_____

_____

_____

_____

_____

_____

La familia

B Match each expression on the left with its English equivalent on the right.

1 _____ *una corona de manos*   **a** the game is over

2 _____ *hacer una ronda*   **b** holding hands in a circle

3 _____ *muñecas rotas*   **c** the ABCs

4 _____ *se acabó el juego*   **d** see you tomorrow

5 _____ *piezas de mecano*   **e** pieces of construction toys

6 _____ *hasta mañana*   **f** broken dolls

7 _____ *que se ausentan*   **g** dancing in a circle

8 _____ *el abecedario*   **h** that get lost

C Answer the following questions.

1 What was going on outside?

_____

2 What would the child have been glad to forget if she could have joined the other children? _____

Graffiti

por Gladys Ilarregui

Mi hermano como un jackson pollock de cuatro años
ilustró la casa con lápices de cera. Una escritura
que en New York hubieran considerado profética
porque los niños saben seguir el rastro del misterio,
de lo imposible, pero a esa altura del mundo
en un pequeño pueblo sobre el mapa, las circunvoluciones
de colores hicieron que mi hermano quedara castigado
tres días con sus noches, y al atardecer del cuarto,
recién entonces, se le permitió volver a la mesa.

EJERCICIO

A Read the entire selection, then answer the following questions.

1 *¿Quién es el pintor?* _____

2 *¿Cuántos años tiene?* _____

3 *¿Qué usa el niño para pintar?* _____

4 *¿Con quién se lo compara?* _____

5 *¿Qué saben hacer los niños?* _____

6 *¿Por cuánto tiempo quedó castigado este niño?*

_____

Guía para perplejos, p. 44. Poema reproducido aquí con el permiso de la autora, gladys@udel.edu.

El árbol familiar

Los García

El Sr. García
Pedro García Martínez
don Pedro

La Sra. (de) García
María González de García
doña María

el esposo de María

la esposa de Pedro

el padre de José y de Ana

la madre de José y de Ana

el suegro de Susana y de Raúl

la suegra de Susana y de Raúl

el abuelo de Luisa, Juan, Juana y Jorge

la abuela de Luisa, Juan, Juana y Jorge

Los García   Los Hernández

La Sra. (de) García
Susana Díaz de García

El Sr. García
José García González

La Sra. (de) Hernández
Ana García González

El Sr. Hernández
Raúl Hernández Castro

la nuera
de Pedro y de María

el hijo
de Pedro y de María

la hija
de Pedro y de María

el yerno
de Pedro y de María

el hermano de Ana

la hermana de José

la esposa de José

el esposo de Susana

la esposa de Raúl

el esposo de Ana

la cuñada de Ana

el cuñado de Raúl

la cuñada de Ana

el cuñado de José

la madre
de Luisa y de Juan

el padre
de Luisa y de Juan

la madre
de Juana y de Jorge

el padre
de Juana y de Jorge

la tía
de Juana y de Jorge

el tío
de Juana y de Jorge

la tía
de Luisa y de Juan

el tío
de Luisa y de Juan

Luisa García Díaz

Juan García Díaz

Juana Hernández García

Jorge Hernández García

la hija
de Susana y de José

el hijo
de Susana y de José

la hija
de Ana y de Raúl

el hijo
de Ana y de Raúl

la nieta
de Pedro y de María

el nieto
de Pedro y de María

la nieta
de Pedro y de María

el nieto
de Pedro y de María

la sobrina
de Ana y de Raúl

el sobrino
de Ana y de Raúl

la sobrina
de Susana y de José

el sobrino
de Susana y de José

la prima
de Juana y de Jorge

el primo
de Juana y de Jorge

la prima
de Luisa y de Juan

el primo
de Luisa y de Juan

EJERCICIOS

A Write the English equivalent of the following nouns.

1 *la suegra* _____

2 *el cuñado* _____

3 *el sobrino* _____

4 *el yerno* _____

5 *la nieta* _____

6 *la nuera* _____

7 *los hermanos* _____

8 *los tíos* _____

9 *los padres* _____

10 *los hijos* _____

B Complete the following sentences in Spanish.

El hermano de mi padre es mi **(1)** _____*; su esposa es mi*

(2) _____ *y sus hijos son mis* **(3)** _____. *La esposa*

de mi hermano es mi **(4)** _____, *y los hijos de ellos son mis*

(5) _____*; mi madre es* **(6)** _____ *de los hijos*

de mi hermano y **(7)** _____ *de la esposa de él.*

C Answer the following questions.

1 What is the maiden name of Pedro García's wife? _____

2 What is her first name (*su nombre de pila*)? _____

3 What is the first last name (*el primer apellido*) of her children?

_____

4 What is their second last name (*el segundo apellido*)? _____

5 Do the last names (*los apellidos*) of all the children in the chart follow this

pattern? _____

6 What would your *apellidos* be according to the Spanish naming system?

_____

La celebración del matrimonio

Declaración de consentimiento

Elena, ¿quieres tomar a este hombre como tu esposo, para vivir juntos en el pacto del matrimonio; para amarlo, confortarlo, honrarlo y cuidarlo, tanto en tiempo de enfermedad como de salud; y, renunciando a todos los demás, quieres serle fiel mientras los dos vivan?

«Sí, quiero».

Ricardo, ¿quieres tomar a esta mujer como tu esposa, para vivir juntos en el pacto del matrimonio; para amarla, confortarla, honrarla y cuidarla, tanto en tiempo de enfermedad como de salud; y, renunciando a todas las demás, quieres serle fiel mientras los dos vivan?

«Sí, quiero».

Ustedes, testigos de este consentimiento, ¿harán cuanto puedan para sostener a estas dos personas en su matrimonio?

«Sí, lo haremos».

Matrimonio

En el nombre de Dios, yo, **Ricardo**, te recibo a ti, **Elena**, para ser mi esposa, desde hoy en adelante, para tenerte y conservarte, en las alegrías y las penas, en la riqueza y en la pobreza, en la salud y la enfermedad, para amarte y cuidarte hasta que la muerte nos separe. Este es mi voto solemne.

En el nombre de Dios, yo, **Elena**, te recibo a ti, **Ricardo**, para ser mi esposo, desde hoy en adelante, para tenerte y conservarte, en las alegrías y las penas, en la riqueza y en la pobreza, en la salud y la enfermedad, para amarte y cuidarte hasta que la muerte nos separe. Este es mi voto solemne.

Puesto que **Elena y Ricardo** se han dado el uno al otro por medio de votos solemnes, con la unión de las manos y con la entrega y recepción de anillos, yo los declaro esposo y esposa, en el Nombre del Padre, y del Hijo y del Espíritu Santo.

A quien Dios ha unido, nadie los separe.

EJERCICIOS

SCANNING FOR DETAILS

A Scan the selection to find the answers to the following questions.

1 Who is getting married? _____

2 Is this a religious or civil ceremony? _____

3 Are the vows the same for the man as for the woman? _____

4 Do both the bride and groom receive rings? _____

USING WORD FORMATION TO DETERMINE MEANING

Spanish infinitives end in *-ar*, *-er*, or *-ir*. A feminine noun ending in *-ión* can often be derived from a verb.

declarar	to declare	*la declaración*	the declaration
unir	to unite	*la unión*	the union

B Using the same pattern, write the missing forms below.

VERB	NOUN
1 *concentrar*	_____
2 _____	*la celebración*
3 *renunciar*	_____
4 _____	*la conservación*
5 _____	*la separación*
6 *reunir*	_____

UNDERSTANDING IDIOMS

The present subjunctive, which changes the *-a* of an *-ar* verb to *-e*, and the *-e* of an *-er* or *-ir* verb to *-a,* can be used to indicate future actions that may or may not occur.

vivir	*mientras los dos* **vivan**
to live	as long as they **live**

C Write the Spanish expression from the selection that corresponds to the future possibilities that appear in bold type below.

1 Will you do **what you can**...? _____

2 ...until death **separates us** _____

🔍 The suffix *-eza* transforms an adjective into a feminine noun that expresses the essence of the adjective.

gran	great/magnificent	*la grandeza*	magnificence
noble	noble	*la nobleza*	nobility
gentil	kind	*la gentileza*	kindness

D Write the Spanish equivalent of the following nouns as expressed in the selection, then write the corresponding adjective of each.

NOUN   ADJECTIVE

1 wealth   _____   _____

2 poverty   _____   _____

USING CONTEXT TO DETERMINE MEANING

E Read the following sentences, then write the meaning of the words that appear in bold type.

1 *Promete renunciar a todos* **los demás/las demás.** _____

2 *Ustedes son* **testigos** *de este consentimiento.* _____

3 *¿Harán lo que puedan para* **sostener** *a estas dos personas en su matrimonio?*

_____

4 *Te recibo para ser mi esposo* **desde hoy en adelante.**

_____

UNDERSTANDING DISCOURSE MARKERS

🔍 Certain expressions indicate relationships between words and phrases.

tanto... como	as much . . . as
puesto que...	since/because

F Answer the following questions.

1 How is *tanto... como* used in the marriage ceremony?

_____

2 What is the sentence in the selection that gives the celebrant the authority to declare the couple *"esposo y esposa"*?

_____

_____

_____

_____

A mi hija Flor de María

por Carlomagno Araya

En mi propia casa, desde el otro día
tengo una muñeca de carne y de hueso.
Aunque es un confite la muñeca mía,
¡yo no me la como sino que la beso!

¿Quién puso en sus labios fragante ambrosía,
quién en sus pupilas dejó el amor preso
y quién guardó para mi Flor de María
tan dulces encantos que dan embeleso?

Apenas un año cumplió y nos demanda
un lugar bien amplio, pues ya casi anda
y ha sido por eso, tan sólo por eso
que en mi alma he formado campo a su alegría.
Aunque es un confite mi Flor de María,
¡yo no me la como sino que la beso!

EJERCICIOS

SKIMMING FOR GENERAL MEANING

A Read the poem quickly, then answer the following questions.

1 Who wrote the poem? _____

2 Whom is the poem about? _____

SCANNING FOR DETAILS

B Answer the following questions.

1 What is the child's name? _____

2 How old is she? _____

3 What is she almost able to do? _____

4 What two things does the author compare her to?

_____   _____

5 How does he feel about her? _____

La familia: un invento maravilloso

por Ligia Ochoa Sierra

Si me preguntas qué es la familia, te diré que es un lugar calientico, lleno de tranquilidad y de solidaridad. Por lo menos eso es mi familia. Cuando llego a casa me siento en otro mundo, es como cuando sales de un gran ruido y llegas a un lugar silencioso, con música muy suave y relajante. Y no es que en mi familia no haya problemas y una que otra angustia de vez en cuando, pero tienes la certeza de que las cosas se solucionan, de que todo va a pasar porque el lazo de amor es más fuerte que un inconveniente, por muy grave que este sea.

La familia es como los amigos, contados con los dedos de la mano, siempre seguros y presentes cuando los necesitas. Cuando no estás cerca de ellos, los extrañas mucho, sientes que algo te falta, que las cosas ya no te sonríen.

No siempre pensé así acerca de la familia. Durante algún tiempo pensaba en ella como algo agobiante, con muchos deberes y pocos derechos. A mi madre la sentía como un general, dando órdenes, impartiendo disciplina, exigiendo buenos resultados, insistiendo en lo mucho que ha hecho por los hijos, en lo que es correcto e incorrecto; en fin, dictaminándolo todo. Sin embargo, siempre, incluso en los años de rebeldía, me gustaba retornar a casa, estarme allí, vivir la cotidianidad, saberme un miembro de mi familia, aunque no tenía mucha conciencia de ello.

Cuando me fui a estudiar al extranjero, empecé a echar de menos las ventajas del hogar, lo bueno que se vive en el "hotel mamá", como se suele decir. Añoraba una persona que me saludara al llegar, que me tuviera la comida caliente y las historias de la gran familia o de los vecinos. Y eso que yo nunca he sido de las que habla mucho con sus padres o hermanos, pero la sensación de sentirme totalmente sola me acompañaba diariamente. Y como cosa rara, empecé a hablar con mi familia con mucha frecuencia, a contarle a mi madre cosas que antes no le hubiera contado por ningún motivo.

Después, formé mi propio hogar y me propuse hacerlo un lugar agradable, como había sido el mío. Un sitio de compinches, de cómplices, de escuchas atentos. Un club de aplausos o mejor de voces de aliento para emprender tareas nuevas, para conquistar el mundo, para lograr que no te pisoteen, para superar las dificultades diarias y para sobrellevar o vencer los múltiples defectos que tenemos como humanos. Yo, por ejemplo, soy una persona muy tímida y encuentro en mi hogar el espacio para extrovertirme pero también para ser tímida sin tener que ocultarlo, sin avergonzarme por ello, sin sentir el miedo social que a veces me agobia.

Ahora soy madre y comprendo mucho más a mi mamá, aunque tenemos algunas diferencias. Seguramente, pronto mi hijo me verá como un general y se repetirá la historia, espero que un poco mejor. Este es el milagro de la familia, de los ciclos vitales, en fin, de la vida.

EJERCICIOS

SKIMMING FOR GENERAL MEANING

A Read the selection quickly, then answer the following questions.

1 Does the author believe the family to be important? _____

2 Have her feelings changed over time? _____

USING CONTEXT TO DETERMINE MEANING

B Read the following sentences, then write the meaning of the words that appear in bold type.

1 *Cuando no estás cerca de ellos, los **extrañas** mucho.* _____

2 *Soy muy tímida, pero en mi casa no tengo que sentir el miedo social que a veces me **agobia**.* _____

3 *Pensaba que la familia era **agobiante**, con muchos deberes y pocos derechos.*

_____

4 *Cuando me fui a estudiar al extranjero, empecé a **echar de menos** las ventajas del hogar.* _____

5 *Cuando estaba lejos de mi país y no conocía a nadie, **añoraba** una persona que me saludara al llegar.* _____

APPRECIATING ARTISTIC LANGUAGE

C What images do the following expressions bring to mind? Can you relate to them personally?

1 *las cosas no te sonríen* _____

2 *a mi mamá la sentía como un general* _____

3 *el hotel mamá* _____

4 *un club de aplausos* _____

REREADING FOR COMPREHENSION

D Read the selection again, then tell how the author defines "family" in terms of the past, the present, and the future.

1 Past _____

2 Present _____

3 Future _____

La familia de Marcela

por Ligia Ochoa Sierra

Marcela vive con su madre, hermana y sobrina. Es una familia pequeña y muy unida aunque suelen hablar poco de sus problemas íntimos. Eso no quiere decir que no se comuniquen entre sí, sino más bien es como una especie de comunicación en silencio. Pareciera como si cada una de ellas guardara cierto rincón para sí misma, con el fin de desempeñarse mejor como miembro de la familia. Ellas tienen la idea de que la armonía en la familia, y mucho más en el amor, sólo es posible cuando cada persona tiene su propio proyecto de vida, sus luchas, sus logros y sus pérdidas.

La madre de Marcela, Ana, se separó hace muchos años porque su esposo la traicionó y porque no quiso seguirla a la ciudad para que sus "niñas"—como ella las llama—pudieran estudiar y "ser alguien en la vida". Desde entonces, trabajó duro para mantener y educar a sus hijas y ahora ambas son profesionales.

Juliana, la hermana de Marcela, estudió estadística pues era un verdadero genio para las matemáticas y Marcela se dedicó a las letras. Debe ser por aquello de la complementariedad. Juliana se casó y tuvo una hermosa niña pero se volvió a repetir la historia y a los 5 años de casada se separó. El esposo era un buen hombre pero un poco bohemio y quizá sin muchas metas e ilusiones.

La sobrina de Marcela, Juanita, es una niña morena, con unos ojazos negros, unas cejas largas y abundantes y una mirada muy intensa. Es muy inteligente y sensible. La separación de sus padres la afectó mucho y, como no es muy expresiva, fue muy difícil ayudarla.

Marcela es la soltera de la casa. Podría decirse mejor la solterona pues tiene casi 37 años y aún no se casa. Claro que no es la típica solterona triste y amargada. Está buscando un hombre con unas características muy especiales: bueno, inteligente, organizado con el dinero y a la vez generoso (Marcela odia los tacaños pero también a los que derrochan el dinero ya sea para presumir o por el deseo incontrolado de gastar). Ella no quiere equivocarse ni seguir el camino de

---

Reproducida aquí con el permiso de la autora.

su madre y hermana pues piensa, como las abuelas antiguas, que el matrimonio es para toda la vida. Ha tenido varios pretendientes pero ninguno reúne todas las condiciones y eso que esas condiciones no son tan exigentes, pero parece que los hombres son muy imperfectos, seguramente porque les falta media costilla, —¡Quién lo sabe!

EJERCICIOS

UNDERSTANDING RELATIONSHIPS BETWEEN PHRASES

A Certain words in Spanish show how two or more phrases or clauses relate to each other. The following English sentences are translated from the selection; write the Spanish expression that corresponds to the English words that appear in bold type.

1 This does**n't** mean they don't communicate, **but** is **rather** a kind of silent communication. _____   _____

2 Harmony within a family, and **even more** in love, is only possible when each person has his own goals in life. _____

3 He refused to follow her to the city **just so** her little girls could study.

_____

4 Juliana studied statistics **because as a matter of fact** she was a true genius at math. _____

5 It must be **attributed to** balance. _____

6 You could probably say "old maid" **because as a matter of fact** she's almost 37. _____

7 She is **certainly** not your typical sad and embittered old maid.

_____

8 Marcela doesn't like stingy guys or those who throw away their money, **whether it be** to impress or because of the uncontrollable need to spend.

_____

9 She doesn't want to follow in her mother's and sister's footsteps, **for** she feels, like the women in past generations, that marriage is for life.

_____

USING A SPANISH-SPANISH DICTIONARY TO DETERMINE MEANING

B Many Spanish words do not have cognates in English; however, words in their dictionary definitions very often do. Look up the following words and phrases in a Spanish-Spanish dictionary, and see how the definitions not only help you determine the meaning of the word you have looked up, but also help to improve your vocabulary. Then look at the words in the context of the Spanish sentences below and write their English meaning.

1 **soler (ue)** + infinitivo · *hacer por hábito/hacer con frecuencia*

Es una familia muy unida aunque suelen hablar poco.

—————————————

2 **lograr** · *obtener*
logro · *obtención*
ANTÓNIMOS
perder · *dejar de tener, por desgracia*
pérdida · *lo que ya no tiene*

Cada persona tiene sus propios logros y pérdidas.

———————————— ————————————

3 **volver a** + infinitivo · *hacer una vez más/empezar de nuevo*

Se volvió a repetir la historia. ———————————

4 **a la vez** · *al mismo tiempo/también*

Busca un hombre organizado con el dinero y a la vez generoso.

—————————————

5 **pretender** · *intentar conquistar*
pretendiente · *uno que intenta conquistar*

Ha tenido varios pretendientes pero ninguno reúne todas las condiciones.

—————————————

6 **costilla** · *uno de los huesos largos y arqueados que nacen de la columna vertebral y que forman la caja torácica*

Los hombres son imperfectos, seguramente porque les falta media costilla.

—————————————

RECOGNIZING FALSE COGNATES

Occasionally a Spanish word fools us: it looks like an English word, but it has a different meaning. Some people call these *"amigos falsos."* Following are Spanish words with their English meaning.

sensato   sensible
sensible   sensitive

C Complete the following sentence.

Juanita es una niña _____ *pero* _____.

                              sensible   sensitive

REREADING FOR GREATER UNDERSTANDING

D Read the selection again. Does the last line make you laugh, smile, or feel annoyed, or does it in any way change your opinion of Marcela?

_____

Un padre

La relación del maestro Fernando Botero con sus hijos es muy especial.

Lina y Fernando empiezan a recordar los momentos de la infancia, cuando pasaban las vacaciones junto a su padre en Nueva York. «Mi papá no tenía dinero», comenta Fernando, «pero nunca le faltó la creatividad. Una Navidad le pedimos un tren eléctrico, pero como no tenía con qué comprarlo, recogió latas de la basura, las llevó a su estudio y nos hizo unas armaduras y unas espadas; fueron los mejores regalos». «Pero la mejor anécdota», explica Lina muerta de la risa, «es la de la sopa de ojos: una vez, mi papá fue a una tienda de prótesis que había en la esquina de su casa y compró tres pares de ojos de cristal para usarlos en sus esculturas. En la noche preparó una sopa de cenar y nos dijo que era un platillo que nos iba a ayudar a ver mejor. Sin que nos diéramos cuenta, ¡le echó los ojos! Mientras tomábamos la sopa, éstos nos miraban constantemente... Él jamás soltó ni siquiera una sonrisa que nos pudiera hacer pensar que se trataba de una broma; fue una cena aterradora».

Adaptada de "Fernando Botero en Zihuantanejo", *Quién*, 1 de junio de 2001, p. 87.

EJERCICIOS

USING WORD FORMATION TO DETERMINE MEANING

In a narrative, the imperfect tense is used to describe action in the background, including activities that were already in progress when other events occurred. Imperfect forms end in *-aba* or *-ía* (with person and number endings). There are two exceptions.

ir	iba	íbamos	**ser**	era	éramos
	ibas			eras	
	iba	iban		era	eran

A Write the Spanish equivalent of the following expressions.

1 My father didn't have much money

_____

2 There was a store on the corner near his house

_____

3 the soup was a dish that was going to help us see better

_____

4 While we were eating the soup

_____

5 the eyes looked at us constantly

_____

6 it was a joke

_____

In a narrative, the preterite tense is used to relate the events that tell the story. Preterite forms for the third-person singular end in *-ó/-ió/-o*, with one exception: *ir* uses the form *fue*.

B In the selection, find the Spanish equivalent of the following sentences and clauses and write them in the space provided.

1 One Christmas we asked him for an electric train.

_____

2 He got tin cans from the trash,

_____

3 took them to his studio,

_____

4 and made us armor and swords.

_____

5 Dad went to a prosthesis shop

_____

6 and bought three pairs of glass eyes.

_____

7 He made soup for dinner and told us . . .

_____

8 He put the eyes in it

_____

9 He never cracked a smile

_____

10 It was a scary meal.

_____

REREADING FOR COMPREHENSION

C Read the entire selection again, then answer the following questions.

1 *¿Cómo era este padre?*

_____

2 *¿Dónde vivía?*

_____

3 *¿Cuándo lo visitaban sus hijos?*

_____

4 *¿Qué querían los niños para la Navidad?*

_____

5 *¿Qué les regaló el padre?*

_____

6 *¿Fueron buenos regalos?*

_____

7 *En otra ocasión, ¿qué puso en la sopa?*

_____

8 *¿Estas son buenas o malas memorias?*

_____

Los abuelos

Tarea para los alumnos del 4° grado:

En esta actividad, tienes que ir con tus abuelos y preguntarles sobre su vida cuando eran niños. Pregúntales sobre sus juegos, diles que te los enseñen. Luego, tú enséñales los juegos de ahora. Te aseguramos que se van a divertir a lo grande.

—y los niños respondieron:

Yo soy Miguel. Mis abuelos jugaban al avión, al trompo, escondidas, canicas, encantados y muñecas de trapo. Yo juego a huye, básquetbol, fútbol, nintendo 64, escondidas, carreras y otros. Opino que los juegos de ahora son diferentes que los de hace tiempo. Me gustan más los de ahora.

Hola me llamo Marcos y les voy a contar lo que jugaban mis abuelos cuando eran pequeños. A las escondidillas. Las escondidillas se juegan así: primero eligen a uno para que cuente mientras que los otros niños que juegan se esconden, y cuando termina el niño que cuenta, sale a buscar y al primero que encuentre, ése hace cuenta.

Soy Laurita. Les voy a contar a qué jugaban mis abuelitos. Jugaban al avión, las escondidas, la gallinita ciega, trompo, doña Blanca, Emiliano, adivinanzas y a la cuerda. Ahora yo juego Barbis, básquetbol, también juego a la gallina ciega, nintendo, computadora, a patinar y a carrerita.

Hola soy Alex. Tengo nueve años. Gracias a este proyecto les puedo contar que mis abuelitos jugaban al trompo de madera con punta de clavo, también jugaban balero y mi abuelita jugaba a las muñecas de trapo.

Hola me llamo Nayeli, tengo 9 años. Mi abuelita es muy dulce conmigo. Mi abuelita jugaba a muñeca de trapo y trastecitos de barro y mi abuelito trompo de madera y canicas de barro.

Yo me llamo Luisa Elena. Les voy a contar a lo que jugaban mis abuelos: Mi abuelita jugaba al columpio, a la cuerda, a la víbora de la mar, Doña Blanca, al burro pateado. Mi abuelito jugaba al palillo, al guajimare que es una bola de madera que se tira con el pie, a la cuarta escondida, al burro y a la escondidilla.

Yo estuve con mi abuelito y le pregunté —oye abue ¿tú jugabas a la Rueda de San Miguel? —y me contestó: «Sí, ese juego no me agradaba, era muy aburrido, solamente lo jugué como tres veces porque yo era un niño muy travieso».

Mis abuelitos jugaban a la rueda de San Miguel. Se juega así: todos forman una rueda y cantan.

Mi abuela jugaba a los listones, ollitas y rueda de San Miguel. Ella hacía muchas travesuras como cualquier joven.

Soy Tamara. Mi abuela se llama Marta. Ella jugaba a la matatena y se juega así: se ponen unas cruces en el piso y con una pelota las agarran.

Mi abuela me dijo: Por supuesto jugábamos a la Rueda de San Miguel, la cantábamos y uno por uno se iba volteando hasta que todos quedábamos al revés. Soy Paulina.

EJERCICIOS

SKIMMING FOR GENERAL MEANING

A Read the entire selection quickly, then answer the following questions.

1 For whom is this project intended? _____

2 What are they supposed to do?

_____

_____

USING CONTEXT TO DETERMINE MEANING

B Find the following Spanish words in the selection (some may appear more than once). After reading them in context, match them with their English equivalent(s).

1	_____, _____ *contar (ue)*	a	to find
2	_____, _____ *cuerda*	b	string
3	_____ *encontrar (ue)*	c	to tell
4	_____ *mientras*	d	rag
5	_____ *barro*	e	to count
6	_____ *trapo*	f	while
		g	rope
		h	clay

USING A SPANISH-SPANISH DICTIONARY TO DETERMINE MEANING

🔍 Because dictionary definitions often have recognizable cognates, they can be very helpful in determining the meaning of a word.

> **adivinar** · *conocer algo por intuición*
> **adivinanza** · *juego, en el cual se adivinan las respuestas*
> **agarrar** · *tomar con la mano*
> **olla** · *vasija redonda que sirve para cocer*
> **pelota** · *juguete esférico, de material blando*
> **trastos** · *utensilios que se emplean en alguna actividad*
> **travesura** · *actividad de niños, que puede molestar o ser peligrosa*
> **travieso** · *inquieto, bullicioso, que comete travesuras*

C Using the words in bold type above, complete the following sentences.

1 *Para jugar al fútbol, se necesita una* _____.

2 *Ese niño es muy travieso, comete muchas* _____.

3 *En la cocina, se necesitan* _____ *y* _____.

4 *Un buen juego para hacer en el coche con los niños es la* _____.

5 *Para jugar a la cuerda, dos niñas tienen que* _____ *la cuerda.*

6 *Una "ollita" es una pequeña* _____.

7 *Un "trastecito" es un pequeño* _____.

USING NEW WORDS AS CONTEXT CLUES

D Read the following directions for games and write the English meaning of the words that appear in bold type. Then determine the identity of each game and write its English name.

1 **Escondidillas/Escondidas**
*Primero **eligen** a uno para que **cuente** mientras que los otros niños que juegan **se esconden**. Cuando termina el niño que cuenta, sale a buscar. Al primero que encuentre, ése hace cuenta.*

_____ _____ _____

Name of the game in English _____

2 **La Rueda de San Miguel**
*Todos forman una **rueda** y cantan.*

_____

This game has no equivalent in English-speaking countries.

3 *La matatena*

*Se ponen unas **cruces** en el piso y con una pelota pequeña las **agarran**.*

_____   _____

Name of the game in English _____

4 *La cuerda*

*Dos niñas agarran la **cuerda** y le dan vueltas, mientras otra niña salta.*

_____

Name of the game in English _____

5 *El trompo*

*El **trompo** es un juguete hecho de madera, tiene forma de cono con punta. La parte de arriba es redonda. Con una cuerda, el niño hace bailar al trompo.*

_____

Name of the game in English _____

REREADING FOR COMPREHENSION

E Read the entire selection again, then answer the following questions.

1 *¿Qué hacen los niños en este proyecto?*

_____

2 *¿Qué hacían los abuelos cuando eran niños?*

_____

_____

3 *¿Qué actividades hacen los niños hoy?*

_____

4 *En tu opinión, ¿qué juegos son más divertidos, los de los abuelos o los de ahora?* _____

5 *¿Crees que este proyecto fue una buena tarea para los niños? ¿Por qué sí o por qué no?* _____

Cuentos

por Renato Prada Oropeza

Nº 8

Hoy tengo que cenar con Maribel, mi ex-esposa. Lo hacemos cada año, puntualmente, desde el día que nos separamos, para celebrar ese acontecimiento. Cada uno habla durante treinta minutos, sin interrupción alguna. Cuenta todo lo bueno que le ha pasado en el transcurso del año: lo bueno real o imaginario, eso carece de importancia. En efecto, no tenemos que inventar mucho para hacer que el rubor de rabia y celos empiece a aflorar en la cara del otro. Después comemos y bebemos en silencio. Terminada la cena, nos separamos con un nudo amargo en la garganta que tardará un año en disolverse.

Nº 10

Hoy ha vuelto papá después de veinte años de ausencia. Nos sorprendió con su decisión de llevarnos a todos al lugar de donde vino. Estamos reunidos, considerando precisamente los detalles del viaje... Todos, excepto la abuela que, tercamente, se aferra a sus remedios caseros para prolongar su ya tan larga agonía.

Renato Prada Oropeza, *A través del hueco,* 1998.

EJERCICIOS

USING WORD PATTERNS TO DETERMINE MEANING

🔍 The word *lo* can refer to a previously mentioned activity.

*Mi papá **va a llevarme a un** **restaurante**. **Lo** hace siempre el día de mi cumpleaños.*	My father **is taking me to a restaurant**. He always does **that** on my birthday.

Lo que means "what" in the sense of "that which."

Lo que *vamos a hacer es un secreto.*	**What** we're going to do is a secret.
*No me gusta **lo que** dicen.*	I don't like **what** they say.

The construction *lo* + masculine singular adjective expresses the essence of the adjective as an abstract noun.

lo triste	the sad thing or things/what is sad
lo sorprendente	the surprising thing or things/what is surprising

A Answer the following questions.

1 What does *lo* refer to in the following sentence from the selection?

Lo hacemos cada año. _____

2 How does the author express the following ideas?

a all the good things _____

b the good things, whether real or imaginary

_____

USING CONTEXT TO DETERMINE MEANING

B Read the following sentences, then write the meaning of the words that appear in bold type.

1 *Lo hacemos cada año, desde el día que nos separamos, para celebrar ese* **acontecimiento**. _____

2 *Cuenta lo bueno que le ha pasado en el* **transcurso** *del año.*

_____

3 *Si es real o imaginario* **carece de** *importancia.* _____

4 *El* **rubor** *de rabia y celos empieza a* **aflorar** *en la cara.*

_____   _____

5 *Nos separamos con un* **nudo** *amargo en la garganta.* _____

REREADING FOR COMPREHENSION

C Read each story again carefully, then answer the following questions.

In story N° 8:

1 Whom is the author going to see? _____

2 What are they celebrating? _____

3 How often do they do this? _____

4 What is their conversation like? _____

5 Do they argue? _____

6 How long does it take each one to recover? _____

In story N° 10:

7 Who came back today? _____

8 How long had he been away? _____

9 Where is he taking everybody? _____

10 Who isn't going? _____

11 Why is she suffering? _____

La primera clase de ballet

por Ana Flores

El color rosa, los tutús, las coronas, las princesas y las hadas son parte del diario jugar de mi niña de tres años. De la mano de su edad y sus gustos van las clases de ballet. Un día le mencioné si quería probar una clase y brincó de la alegría. No paró de preguntarme y pedirme por la clase. Todos los días pensaba que ese sería el día en que iría a su primera clase de ballet y se pondría las zapatillas rosas que juntas fuimos a comprar para el evento.

Llegó el día y, atareada como siempre, llegué un poco tarde por ella a su escuelita para llevarla a la clase. Cuando llegamos, el salón ya estaba lleno de niñas portando todo tipo de tutús. Mi niña no estaba lista todavía y teníamos que correr porque la clase estaba comenzando. En ese momento comenzó el caos. Le entró un pánico histérico y por nada del mundo pude convencerla en vestirse para entrar al salón. Nunca la había visto así. Yo ya traía los nervios de punta y no entendía por qué, después de tanta emoción, ahora lloraba a gritos y se prensaba a mí. Todo terminó bastante mal.

Decidimos regresar una vez más a la siguiente semana. Esta vez ella iba muy valiente y decidida, pero no pudo. Intentó unirse a las niñas y participar, pero salió corriendo a mi lado y volvió a entrar en el pánico. Decidí que ya no la haría sufrir más. La razón que ella me daba era que no le gustaba la maestra.

Semanas después me volvió a decir que ahora sí quería ballet, pero no con esa maestra. Le busqué otro lugar con menos niños y una maestra que tenía muy buenas recomendaciones. También cambié mi actitud y no la presioné. Dejé que ella tomara todas las decisiones.

Llegamos 20 minutos temprano a la clase. Conoció a la maestra antes que llegaran el resto de las niñas y pudo verlas una por una cuando iban entrando. Al comenzar la clase entró en su estado de casi-pánico. La abracé y le recordé que se podía quedar conmigo viendo la clase y que no pasaba nada. Solita decidió unirse, pero solo de la mano de la maestra. Ya íbamos avanzando.

www.SpanglishBaby.com.

Poco a poco durante la hora se fue soltando, hasta que al final ya estaba bailando solita y cogiéndole la mano a otras niñas. Cuando terminó la clase, salió corriendo a abrazarme y me dijo, "Mamá, ¡bailé ballet!" Y mi corazón bailó por ella. Solita rompió una barrera que le había afectado y dolido mucho. Juntas nos adaptamos a encontrarle una situación que le favoreciera y le permitiera florecer. La sonrisa de orgullo en ella misma le ha durado todo el día.

EJERCICIOS

UNDERSTANDING GRAMMAR FOR READING A NARRATION

Spanish uses the imperfect tense and the preterite tense to relate the events of a story. There are three possible relationships:

1 Imperfect + imperfect
This combination can be used to set the scene of the narrative before the action began. It often indicates the time, the weather, the place, and/or what people were doing.

It can also indicate, in the course of telling the story, that two or more actions (or states) were going on at the same time.

2 Imperfect + preterite
This combination is used to indicate that the imperfect action (or state) was in progress when it was interrupted by the preterite action.

3 Preterite + preterite
This combination is used to tell events that occurred one right after another, with no interruption.

Keep in mind that the narrator decides whether to interrupt an action (or state) and give more detail, according to the author's preference. This means that the same story can be told with a different mix of tenses by a different author. It's possible that a story could be narrated entirely in the preterite—but it probably wouldn't be very interesting.

A Explain the choice of the imperfect or the preterite in each of the following sentences.

1 *Cuando llegamos, el salón ya estaba lleno de niñas.*

_____

2 *Mi niña no estaba lista y teníamos que correr.*

_____

3 *Teníamos que correr porque la clase estaba comenzando.*

_____

4   *Le entró un pánico y no pude convencerla en vestirse.*

_____

5   *Yo traía los nervios de punta y no entendía por qué ahora lloraba a gritos y se prensaba a mí.*

_____

6   *Esta vez ella iba muy valiente y decidida, pero no pudo participar.*

_____

7   *Intentó participar, pero salió corriendo a mi lado y volvió a entrar en el pánico.*

_____

8   *Llegamos 20 minutos temprano a la clase. Conoció a la maestra y pudo ver entrar a las otras niñas.*

_____

9   *Cuando terminó la clase, salió corriendo a abrazarme y me dijo, "Mamá, ¡bailé ballet!"*

_____

USING YOUR READING SKILLS

B   Answer each of the following questions with a complete sentence.

1   How old was the child when she first started ballet lessons?

_____

2   How did she feel before going to her first class?

_____

3   What happened when she got there?

_____

4   How did her mother feel?

_____

5   Why did the mother enroll the child in ballet classes again?

_____

6   What happened in the new class?

_____

7   What happened after the class?

_____

El estilo de vida hoy

Persiguiendo el sueño bilingüe

por Ana Flores

En el momento en que Roxana y yo comenzamos SpanglishBaby hace dos años, nos comprometimos seriamente a procurar que nuestros hijos crecieran hablando, leyendo y escribiendo el español con fluidez total. Sabíamos claramente que iba a ser un reto ya que la mayoría de los niños llegan a una edad en la cual prefieren hablar el idioma mayoritario de la comunidad, en este caso el inglés. El inglés lo va a aprender sea como sea y no me causa preocupación. Pero el español es algo que tengo que nutrir y hasta hacer sacrificios para asegurarme que lo aprenda a nivel académico.

Vivo en Los Ángeles, y aunque la comunidad hispana acá es enorme y tenemos muchas oportunidades para sumergirnos en el español y en nuestra cultura, la educación bilingüe en las escuelas públicas es ridículamente escasa. Estoy convencida, y hasta un poco (mucho) necia de que quiero que mi hija reciba educación bilingüe y ando ya con los nervios de punta porque pensé que habíamos encontrado la escuela bilingüe perfecta, a cuatro minutos de mi casa, y ya teníamos la entrada asegurada. Es más, nos mudamos a este vecindario solamente porque queríamos asegurarnos que Camila tuviera garantía de asistir ya que la casa está en el distrito.

El dilema ahora es que a la escuela le está yendo tan pero tan bien desde que lanzaron sus programas bilingües hace tres años (tienen programas en español, alemán e italiano) que consiguieron una beca del gobierno para convertirse en academia de idiomas magnet. El ser magnet significa que cualquier niño de cualquier distrito puede llenar solicitud y ser aceptado. El truco es que ahora todas las solicitudes entran a un sorteo por lotería. Esto nos afecta a nosotros porque ya no tenemos la entrada directa a la escuela. Puede que entre, como puede que no.

¿Y ahora? Aunque parezca locura, estamos buscando mudarnos al otro lado de la ciudad a un vecindario con una escuela pública que

---

http://blogsdemamas.com/blog/ana_roxana/persiguiendo-el-sueno-bilingue. For more of Ana Flores's blogs in Spanish, go to www.SpanglishBaby.com.

lleva 20 años enseñando el programa bilingüe de inmersión. Por suerte, en este caso, no somos dueños de la casa en la cual vivimos ahorita, así que nos es más fácil mudarnos sin pensar en vender, etc. El vecindario que nos conviene está a 5 minutos de la playa, a 10 del trabajo de mi marido y ya conozco a un par de mamás ahí. En realidad, no es mala opción y sí se nos antoja, pero no lo estaríamos haciendo si no fuera por nuestra convicción en darle una educación bilingüe a nuestra hija.

Y tú, ¿qué sacrificios, pequeños o grandes, has tenido que hacer por la educación de tus hijos?

EJERCICIOS

USING CONTEXT TO DETERMINE MEANING

A Write the English equivalent of the Spanish words that appear in bold type.

1 *Voy a poner mi dinero en el banco. Quiero* **procurar** *que esté en un lugar seguro.* _____

2 *Soy una estudiante seria. Es un* **reto** *para mí sacar una "A" en todas mis clases.* _____

3 *Mi esposo y yo queremos* **nutrir** *la responsabilidad en nuestros hijos.*

_____

4 *Para aprender un idioma, es importante* **sumergirse** *en ese idioma.*

_____

5 *El gobierno no ofrece dinero para el programa de baile. Los fondos para estas clases son muy* **escasos.** _____

6 *La adolescente piensa siempre en los chicos y en las fiestas, y no pone atención en las clases. Su mamá le dice que es muy* **necia.**

_____

7 *No nos gusta esta casa. Tenemos que* **mudarnos.**

_____

8 *Tenemos que pagar renta por el apartamento, porque no somos los* **dueños.**

_____

9 *Si no ganas mucho dinero,* **te conviene** *poner un poquito en el banco cada mes.* _____

10 *Tengo hambre.* **Se me antoja** *un taco.* _____

UNDERSTANDING THE IMPERFECT SUBJUNCTIVE

When a Spanish verb in the past tense—either imperfect or preterite—signals that a subjunctive verb will follow, the subjunctive verb will be in the imperfect subjunctive. To form this tense, begin with the third-person plural preterite form, drop the *-on*, and add the following endings:

yo	-a	*trabajara, conociera, saliera*
tú	-as	*trabajaras, conocieras, salieras*
Ud./él/ella	-a	*trabajara, conociera, saliera*
nosotros/nosotras	-amos	*trabajáramos, conociéramos, saliéramos*
Uds./ellos/ellas	-an	*trabajaran, conocieran, salieran*

B Complete each sentence with the imperfect subjunctive form of the verb in parentheses.

1 *La madre procuró que sus hijos* _____ *español. (aprender)*

2 *Quería asegurarme que mi hija* _____ *sus tareas. (hacer)*

3 *El director nos dijo que* _____ *a la otra clase. (ir [nosotros])*

UNDERSTANDING SET EXPRESSIONS

Consider the meaning of each of the following expressions.

aunque	even though
es más	even more importantly/strongly than that
hasta	even
sea como sea	whatever it might be
tan pero tan (bonito)	so very (beautiful)
y sí, (quiero ir)	and yes, (I do want to go)
ya	already
ya que	since (in the sense of "because")

C Complete each sentence with the most appropriate expression from the list above.

1 *No teníamos suficiente de comer,* _____ *éramos muy pobres.*

2 *La mujer lo hizo todo para ayudarnos.* _____ *nos llevó a vivir a su casa.*

3 *Ella es* _____ *buena.*

4 *Yo la quiero mucho.* _____ *la adoro.*

5 *No sé qué pasará mañana, pero* _____ *estaré listo.*

6 *Si me mudo—* _____ *quiero mudarme—tendré otros problemas.*

7 _____ *es tarde. No hay tiempo para hablar.*

8 _____ *ella es mi amiga, estoy enojada con ella.*

Mi PC
por Juan Luis Guerra

Niña, te quiero decir
que tengo en computadora
un gigabyte de tus besos
y un floppy de tu persona.
Niña, te quiero decir
que sólo tú me interesas
y el mouse que mueve tu boca
me formatea la cabeza.

Niña, te quiero decir
que en mi PC sólo tengo
un monitor con tus ojos
y un CD-Rom de tu cuerpo.
Niña, te quiero decir
que el internet de mis sueños
lo conecté a tu sonrisa
y al modem de tus cabellos.
Y yo quiero mandarte un recadito
ábreme tu e-mail
y enviarte un diskette
con un poquito de mi
cariñito
bueno para amarte.

Coro
Yo no quiero un limousine,
ni un chaleco de Hugo Boss,
ni la Cindy Crawford en Berlín,
ni un palacio con pagodas quiero yo.

Yo no quiero Burger King,
ni un dibujo de Miró.
Morenita, no me hagas sufrir.
Tu cariño por la noche quiero yo.

Juan Luis Guerra 440, Karen Publishing Company.

EJERCICIO

SCANNING FOR DETAILS

A Read the *letra* to this song carefully, then answer the following questions.

1 To whom is the song addressed? _____

2 Where does the singer keep his memories? _____

3 What does he have a gigabyte of? _____

4 What does he have on a floppy disk? _____

5 What moves her mouth? _____

6 What formats his mind? _____

7 What feature does his monitor have? _____

8 What does he have a CD-ROM of? _____

9 What did he connect his imaginary Internet to? _____

10 What attachment does he want to send with his e-mail message?

_____

11 What six things does the singer not care about?

_____   _____

_____   _____

_____   _____

12 What does he want, and when? _____

Cristina

Esta es la primera vez, desde que comencé *Cristina*, que me dedico a organizar mis pensamientos en papel acerca de todo lo que me ha sucedido en la vida hasta el momento actual. Es un proceso de reflexión y análisis, pero también de orientación. Y lo que quiero comunicarles a ustedes—sobre todo a los jóvenes—es el poder formidable de la voluntad, y las repercusiones a largo plazo de las decisiones y las acciones que tomamos en la vida.

Siempre se nos dice que "Querer es poder", pero nadie nos explica cómo y de qué forma es posible *querer* hasta *poder*. Nadie nos cuenta cómo se hizo rico, cómo llegó a ser famoso, o cómo alcanzó un grado relativo de felicidad en la vida. Yo quiero contarles cómo yo lo hice. Y si alguien quiere seguir el camino que ya yo he andado, ¡aquí está!

No solamente está lleno de gloria y de fama, de riquezas y de situaciones bellas.

Está lleno de baches, de espinas y a veces, hasta de lodo.

¡Está lleno de temores!

Está lleno de... todo.

Pero eso es la vida.

Prepárate para aprender y para cambiar. Y prepárate bien, porque no es fácil lograr las metas que nos trazamos en la vida. ¡Para nadie!

Pero sí te garantizo que vale la pena, tomando en consideración las alternativas. Y lo digo porque yo tuve que *aprender* y *cambiar*... y hoy quiero comunicarles mis experiencias con toda la comprensión y el amor del mundo.

Cristina Saralegui, *¡Cristina! Confidencias de una rubia*, p. 5.

EJERCICIOS

USING COGNATES TO DETERMINE MEANING

A Scan the selection to find the Spanish equivalent of the following words, then write them in the space provided.

Nouns (*Sustantivos*)

1 moment _____
2 process _____
3 reflection _____
4 analysis _____
5 orientation _____
6 repercussion _____
7 decision _____
8 action _____

9 glory _____
10 fame _____
11 situation _____
12 consideration _____
13 alternative _____
14 experience _____
15 comprehension _____

Adjectives (*Adjetivos*)

1 formidable _____
2 possible _____

3 famous _____
4 relative _____

Verbs (*Verbos*)

1 organize _____
2 communicate _____

3 prepare _____
4 guarantee _____

B Find the nouns in Exercise A that end in *-ión*.

1 What gender are they? _____

Using the *-ión* pattern, write the noun forms of the first three verbs in Exercise A.

2 _____
3 _____
4 _____

RECOGNIZING FALSE COGNATES

Following are Spanish words with their English meaning.

verdadero actual
actual current/present
corriente ordinary

C Complete the following sentences.

1 *Esta no es una revista* _____.
   ordinary

2 *Esta no es mi* _____ *dirección.*
   current

3 *Esta no es mi* _____ *dirección.*
   actual

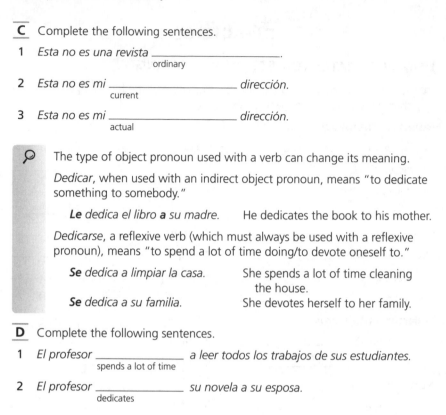

The type of object pronoun used with a verb can change its meaning.

Dedicar, when used with an indirect object pronoun, means "to dedicate something to somebody."

Le *dedica el libro* **a** *su madre.*   He dedicates the book to his mother.

Dedicarse, a reflexive verb (which must always be used with a reflexive pronoun), means "to spend a lot of time doing/to devote oneself to."

Se *dedica a limpiar la casa.*   She spends a lot of time cleaning the house.

Se *dedica a su familia.*   She devotes herself to her family.

D Complete the following sentences.

1 *El profesor* _____ *a leer todos los trabajos de sus estudiantes.*
   spends a lot of time

2 *El profesor* _____ *su novela a su esposa.*
   dedicates

USING WORD FORMATION TO DETERMINE MEANING

The preterite tense, which is used to relate actions that began and ended in the past, uses two patterns for the first-person singular form. Most verbs follow pattern 1, shown below.

-ar verbs   infinitive form minus *-ar* + *é*
-er/-ir verbs   infinitive form minus *-er/-ir* + *í*

hablar	to speak	*habl* + *é* → *hablé*	I spoke
comer	to eat	*com* + *í* → *comí*	I ate
escribir	to write	*escrib* + *í* → *escribí*	I wrote

E Write the first-person singular preterite form for the following verbs.

1 *cambiar*   to change   I changed   _____

2 *contar*   to tell   I told   _____

3 *vender*   to sell   I sold   _____

4 *vivir*   to live   I lived   _____

5 *aprender*   to learn   I learned   _____

6	*lograr*	to achieve	I achieved	_____
7	*abrir*	to open	I opened	_____
8	*preparar*	to prepare	I prepared	_____
9	*beber*	to drink	I drank	_____
10	*tomar*	to take	I took	_____

🔎 If the infinitive ends in *-car*, the first-person preterite ends in *-qué*.

    tocar   to touch   *toqué*   I touched

If the infinitive ends in *-gar*, the first-person preterite ends in *-gué*.

    jugar   to play   *jugué*   I played

If the infinitive ends in *-zar*, the first-person preterite ends in *-cé*.

    empezar to start   *empecé* I started

F Write the first-person singular preterite form for the following verbs.

1	*comenzar*	to begin	I began	_____
2	*explicar*	to explain	I explained	_____
3	*llegar*	to arrive	I arrived	_____
4	*garantizar*	to guarantee	I guaranteed	_____
5	*organizar*	to organize	I organized	_____
6	*comunicar*	to communicate	I communicated	_____
7	*alcanzar*	to reach	I reached	_____
8	*dedicarse*	to spend time	I spent time	me _____
9	*trazarse (metas)* to set up (goals)		I set up (goals)	me _____ (metas)

🔎 Many frequently used verbs have an irregular stem and follow pattern 2 to form the first-person singular preterite, as shown below:

querer to want	*quis* + e → *quise*	I wanted
tener to have	*tuv* + e → *tuve*	I had
andar to walk/go	*anduv* + e → *anduve*	I walked/went
estar to be	*estuv* + e → *estuve*	I was
poder to be able to	*pud* + e → *pude*	I was able to
hacer to do	*hic* + e → *hice*	I did
decir to say	*dij* + e → *dije*	I said

G Complete the following sentences.

1 *Yo quiero contarle cómo lo* _____.
                                    I did

2 *Y lo digo porque yo* _____ que *aprender y cambiar.*
                                  I had to

FINDING COGNATES IN A SPANISH-SPANISH DICTIONARY

H Many of the words in bold type below do not have common cognates in English. However, the definition in a Spanish-Spanish dictionary (column 2) can lead you to the true meaning. Write the English meaning of the words and phrases that appear in bold type.

1 *a largo plazo*   al final   _____

2 *la voluntad*   la intención firme   _____

3 *la felicidad*   la satisfacción   _____

4 *el bache*   una desigualdad en la calle/   _____
momentos difíciles

5 *el lodo*   la mezcla de tierra y agua   _____

6 *el temor*   la aprensión fuerte   _____

7 *la meta*   el objetivo   _____

8 *valer la pena*   servir para producir buenos   _____
resultados

REREADING FOR COMPREHENSION

I Read the selection again, then answer the following questions.

1 Has Cristina written an autobiography before? _____

2 What does she consider to be extremely powerful? _____

3 To whom is she speaking especially? _____

4 What are some of the benefits of success?

_____

5 What are some of the hardships on the road to success?

_____

6 Is this easy for anyone? _____

7 Is it worthwhile? _____

8 What did Cristina have to do? _____

9 What does Cristina offer to her readers?

_____

Oscar de la Renta

Oscar de la Renta, galardonado con el premio, "Diseñador del Año" del CFDA, dejó su país de nacimiento, la República Dominicana, a la edad de dieciocho años, para estudiar pintura en la Academia de San Fernando en Madrid.

Mientras vivía en España, descubrió su talento para la moda y empezó como dibujante en las casas de moda españolas, y rápidamente llegó a trabajar como aprendiz del costurero más cotizado de España, Cristóbal Balenciaga. Después de unos años, dejó España para juntarse con Antonio Castillo como ayudante en la casa de Lanvin en París. En 1963, vino a Nueva York para diseñar las colecciones de costura del salón Elizabeth Arden. En 1965 empezó su propia marca de *prêt à porter*, "Signature".

Durante treinta años, esta marca ha crecido y ahora incluye una colección refinada de ropa y accesorios basada en su propio estilo "Signature": su línea de ropa de deporte para hombres, OSCAR, una colección de Jeans para hombres y mujeres, OSCAR JEANS, y una colección contemporánea para las mujeres, O de Oscar de la Renta.

Sus perfumes—Oscar, Volupté y SO de la Renta para mujeres y Pour Lui y Oscar for Men para hombres—han logrado reconocimiento internacional.

Oscar de la Renta ha ganado premios en los Estados Unidos, España, Francia y la República Dominicana. Con su Colección de Primavera 1993 de Pierre Balmain llegó a ser el primer americano que diseñaba para una casa costurera francesa. Se reconoce, además, como filántropo: ha construido dos escuelas en la República Dominicana, adonde asisten unos 1.500 niños.

EJERCICIOS

USING WORD FORMATION TO DETERMINE MEANING

🔎 The suffixes *-nte/-dor/-ero* indicate the performer of an action or a person's occupation or position.

-nte	*amante*	lover
	cantante	singer
	representante	representative
-dor	*contador*	accountant
	profesor	teacher
	cazador	hunter
-ero	*barbero*	barber
	plomero	plumber
	cocinero	cook

A Find the words in the selection that follow these patterns, and write each word below, along with its meaning in English.

SPANISH NOUN   ENGLISH MEANING

1   *-nte*   _____   _____

2   *-dor*   _____   _____

3   *-ero*   _____   _____

🔎 The suffix *-miento* changes a verb into a noun that signifies the action of the verb.

sufrir	to suffer	*el sufrimiento*	suffering
entrenar	to train	*el entrenamiento*	training
entretener	to entertain	*el entretenimiento*	entertainment
descubrir	to discover	*el descubrimiento*	discovery

B Following this pattern, write the noun form of each of the following verbs, along with its meaning in English.

SPANISH NOUN   ENGLISH MEANING

1   *nacer*   _____   _____

2   *sentir*   _____   _____

3   *conocer*   _____   _____

4   *reconocer*   _____   _____

USING CONTEXT TO DETERMINE MEANING

C Read the following sentences, then write the meaning of the words that appear in bold type.

1 *Oscar ganó el **premio** "Diseñador del Año" del CFDA.* _____

2 ***Dejó** su país de nacimiento para estudiar en España.* _____

3 *Cristóbal Balenciaga era uno de los costureros más **cotizados** de España.*

_____

4 *Vino a Nueva York para diseñar las colecciones de **costura** del salón Elizabeth Arden.* _____

5 *En 1965 empezó su propia **marca**, "Signature".* _____

6 *Durante treinta años, esta marca **ha crecido** y ahora incluye una colección de ropa y accesorios.* _____

REREADING FOR COMPREHENSION

D Read the entire selection again, then answer the following questions.

1 Where is Oscar de la Renta from? _____

2 What does he do? _____

3 Where did he get his training?

_____

4 What design houses has he worked for?

_____   _____

_____   _____

5 What is the name of his label? _____

6 What are the names of his fragrances for men?

_____   _____

7 What special project does he have in his native country?

_____

Carolina Herrera, qué mujer

Hay algo en esta mujer—de una personalidad extraordinaria—que no deja lugar a dudas. Ha triunfado porque no había posibilidad de que esto no ocurriera. Como diseñadora ha sabido interpretar perfectamente los gustos y las necesidades de una mujer amante del lujo y la elegancia, alejándola de los excesos y las estridencias de otras líneas. Como empresaria ha sabido construir lenta e inexorablemente una firma que ya es todo un imperio. En 1980 presentó su primera colección de moda, en 1986, la primera de novias. En 1988 salía a la calle su primer perfume; en los próximos meses, lanza el sexto, 212 para hombre. En 1997 lanza su primera colección de accesorios y su primera línea de maquillaje. Y aparentemente... sin inmutarse.

Las proporciones de la moda la han convertido en una industria. ¿Afecta a un creador todo el marketing, el aparataje que rodea al diseñador?

CAROLINA HERRERA No puede afectar porque el proceso creador es el origen de todo. Sin la creación primera no hay nada. Lo que tú quieres hacer, lo que tú quieres ver en la mujer... nada de eso depende del proceso posterior. Una vez que se han traspasado las puertas del taller original, cuando ya hay producción de líneas, y ya no es producción individual, se necesita un aparataje de producción, ventas, distribución... así ha sido siempre. Pero no ha cambiado el origen, el momento de creación personal del diseñador, la decisión individual. Sin ese primer momento creativo, no hay nada.

Usted ha triunfado rotundamente en el mundo de la moda americana y latina. ¿Ha decidido hacerlo en Europa?

CH En Europa están todos mis perfumes. Pienso que algún día estará mi moda... pero no me lo planteo como algo que vaya a ocurrir en el futuro más inmediato. Todos los diseñadores europeos quieren conquistar América, Nueva York. Es interesante observar lo que está pasando ahora, porque Nueva York está en un momento impresionante. París es la capital de la moda y lo será siempre, pero ahora

Inés Aizpún, www.ENEL.net/Editorial AA.

Nueva York es una capital de la moda, y eso es algo que hace unos años ni siquiera se podía prever. ¿Ir a Europa? ¡Ahora los europeos quieren venir a América! Creo que estoy en el lugar adecuado, en el momento adecuado. La moda americana ha influido muchísimo en los europeos... sobre todo en esa faceta de ropa más deportiva. Creo que en realidad es la visión americana de la vida la que está influyendo en Europa de una manera global. Yo me considero una diseñadora americana porque todo lo que he hecho como diseñadora ha sido aquí, aunque nadie puede olvidar sus raíces, en mi caso, latinas.

Parecería que para una mujer diseñadora es más accesible el triunfo en América que en Europa...

CH Creo que no, que siempre ha habido mujeres, couturières, diseñadoras buenísimas y a las que se les ha reconocido el triunfo. Quizá las grandes firmas tienen hombres... pero ¿y Coco Chanel, por ejemplo? desde la época de María Antonieta ha habido en Francia grandes modistas. En España en concreto, hay más que en el resto de Europa.

¿La moda es cíclica, ¿qué nos toca llevar ahora?

CH La moda deberá cambiar cada tres meses...

Eso, sin duda, convendría a los diseñadores, pero no sé si convendría a las mujeres...

CH Es que la moda es efímera, esa es su propia esencia. El problema es que hoy en día la mujer quiere un uniforme, las mujeres no tienen la personalidad ni la necesidad de experimentar algo nuevo. Antes había mujeres con estilo propio, mujeres que seguían la moda muy a su manera, porque su propia personalidad interpretaba las propuestas. Tenían un sello, propio, no importa de qué nivel social hablemos o de qué poder adquisitivo. Los creadores, los diseñadores se inspiraban en las mujeres de la calle para averiguar qué necesitaban, qué querían, qué demandaba su forma de vivir. Hoy no puedes inspirarte en la calle porque todas las mujeres van vestidas de gris o de negro, o de lo que creen que hay que ir.

¿Qué propone, entonces?

CH La mujer tiene que ser más individual. Cada mujer tiene un cierto estilo, tiene que adaptarse a lo que le viene bien. Es un tópico pero es una gran verdad: hay que conocerse bien, no seguir ciegamente la moda.

A algunos diseñadores se les critica que sólo crean para mujeres muy jóvenes. Su moda es menos limitada...

CH ¡Mi ropa es superjoven! Mis hijas la llevan, sus amigas la llevan, son jóvenes y la llevan, todo depende de cómo lo llevas y cómo te veas. Hay una persona que lleva un vestido y le da su propia versión. Un vestido de matrona lo lleva una niña de 16 años y se ve joven.

¿En qué momento decide un diseñador crear su propio perfume? ¿Es una exigencia del marketing de marca o es un escalón en el proceso creativo?

CH Es lo más importante. Para un diseñador es fundamental tener un perfume. Es el ideal para todo diseñador, es tu nombre y tu personalidad, tu estilo y tu manera de entender la moda, es el producto que se vende por todo el mundo y hace tu nombre por encima de barreras y fronteras.

¿Qué papel juega el perfume en su concepto del estilo, de la moda?

CH Es crucial. Yo lo veo como el accesorio más importante de la mujer.

¿Cómo nace Carolina Herrera?

CH Era mi aroma. Yo lo mezclaba desde hacía años, para mí: aceite de jazmín y de nardos. Cuando vinieron de la compañía Puig para hacerlo profesionalmente, sabía muy claramente qué era lo que yo quería. Durante dos años trabajaron en él, me lo mandaban y yo lo probaba, opinaba. Dos años después nacía Carolina Herrera. Hasta que no llegó exactamente lo que yo quería no di mi aprobación.

Causan siempre gran impresión los vestidos de novia. ¿Cuándo comenzó esta línea?

CH Como línea propiamente de moda nupcial en el año 86, aunque siempre tenía una novia al acabar todos los desfiles. Ya no son tan tradicionales, siguen de blanco y quieren ser protagonistas del día más importante en la vida de una mujer. Quieren verse más jóvenes, y por eso hay vestidos cada vez más escotados, sin mangas. Si eres una novia tradicional de blanco tienes que ser más inocente. No la veo con mucho maquillaje.

EJERCICIOS

SKIMMING FOR GENERAL MEANING

A Read the entire selection quickly, then answer the following questions.

1 What does Carolina Herrera do? _____

2 In what city has she established her business? _____

3 What three aspects of her work are mentioned here?

_____   _____

_____

USING WORD FORMATION TO DETERMINE MEANING

The construction *haber* + participle is one way to express past action. The verb *haber* is conjugated as follows.

yo	*he*	*nosotros*	*hemos*
tú	*has*		
usted/él/ella	*ha*	*ustedes/ellos/ellas*	*han*

The participle is formed by adding *-ado* to the stem of *-ar* verbs, and *-ido* to the stem of *-er* and *-ir* verbs.

Some frequently used verbs have irregular participles.

abrir	*abierto*	*poner*	*puesto*
decir	*dicho*	*romper*	*roto*
escribir	*escrito*	*ver*	*visto*
hacer	*hecho*	*volver*	*vuelto*
morir	*muerto*		

B Find the verb forms in the selection that correspond to the following English expressions and write them in the space provided.

1 she succeeded (triumphed) _____

2 she knew _____

3 it has always been _____

4 it hasn't changed _____

5 have you decided...? _____

6 it has influenced _____

7 I have done _____

8 there have always been _____

The suffix *-mente* often indicates an adverb that tells how something is done; this meaning is usually expressed in English by the suffix "-ly."

C Write the words from the selection that correspond to the following English words.

1 perfectly _____

2 slowly _____

3 surely (inexorably) _____

4 greatly (roundly) _____

5 blindly _____

6 professionally _____

7 clearly _____

8 exactly _____

USING A SPANISH-SPANISH DICTIONARY

🔍 The expressions in bold type below are commonly used in Spanish. You might find definitions in your Spanish-Spanish dictionary that are similar to the ones provided below.

> **todo un (imperio)** · *un (imperio) que ya está hecho o completo*
> **todo diseñador** · *todos los diseñadores*
> **ni siquiera** · *enfáticamente, no*
> **sobre todo** · *especialmente*
> **en concreto** · *por ejemplo*
> **entonces** · *en ese caso*
> **cada vez más** · *más y más, gradualmente*

D Write the English meaning of the words that appear in bold type.

1 *Ha construido una firma que ya es* **todo un imperio**.

_____

2 **Todo diseñador** *necesita crear su propio perfume.*

_____

3 *La moda americana ha influido* **sobre todo** *en la ropa más deportiva.*

_____

4 *En España,* **en concreto**, *hay más diseñadoras que en el resto de Europa.*

_____

5 *Hay vestidos* **cada vez más sencillos**. _____

6 *Hace unos años* **ni siquiera se podía imaginar** *esto.*

_____

7 *¿Qué propone,* **entonces**? _____

🔍 Following are several Spanish words and their definitions.

> *alejar* · *distanciar*
> *lanzar* · *introducir*
> *rodear* · *estar o ir alrededor de algo o alguien*
> *plantearse* · *considerar*
> *prever* · *ver antes*
> *convenir* · *ser bueno para una persona*
> *averiguar* · *saber por primera vez*
> *al acabar* · *al terminar, al final*

E Write the English meaning of the words that appear in bold type.

1 *Carolina Herrera sabe* **alejar** *a la mujer de los excesos de otras líneas.*

_____

2 *En 1997* **lanza** *su primera colección de accesorios.* _____

3 *Muchas personas **rodean** a los diseñadores.* _____

4 *"**No me lo planteo** como algo que vaya a ocurrir ahora".*

_____

5 *No se puede **prever** el futuro.* _____

6 *No **me conviene** comprar mucha ropa ahora.* _____

7 *Los diseñadores observaban a las mujeres para **averiguar** qué necesitaban.*

_____

8 *Carolina siempre tenía una novia **al acabar** todos los desfiles.*

_____

REREADING FOR COMPREHENSION

F Read the entire selection again, then answer the following questions.

1 What is special about Carolina Herrera's clothing lines?

_____

2 Does she feel that marketing and other influences affect her designs?

_____

3 How does she feel about New York?

_____

4 Does she think it's easier for a female designer in the United States than
   in Europe? _____

5 According to Carolina, how often should styles change? _____

6 What does she expect women to do with her clothes?

_____

7 Apart from clothing, what does she consider to be fundamental for every
   designer? _____

8 How does she feel brides should look?

_____

Edward James Olmos: Embajador de la buena voluntad

Detrás del reconocido actor y director de cine norteamericano hay un aura de sencillez y humildad que muy pocos artistas de su talla tendrán jamás. En su visita a El Salvador, recorrió varias comunidades indígenas con los representantes de UNICEF.

Con pantalón y camisa casual, y un gafete distintivo de UNICEF en su brazo izquierdo, Edward James Olmos visitó algunas comunidades indígenas de Sonsonate, en su esfuerzo por mejorar la calidad de vida de sus habitantes.

El actor dejó sus papeles y las cámaras de cine, para demostrar su interés por las personas más necesitadas, trabajo que ha venido desarrollando hace más de trece años como embajador voluntario de UNICEF. Olmos considera que los derechos de los niños son importantes porque "dan la autoestima que se necesita para ser, crecer y hacer todo en esta vida".

El embajador de buena voluntad señaló que en el mundo, los hombres se han acostumbrado a diferenciar las razas y a llamarlas "indígena, africana, anglosajona y latina" pero, "esas no son razas, son culturas... no más hay una raza, y esa es la humana", señaló.

Gracias a sus raíces latinas por parte de su madre, Olmos considera importante trabajar por la preservación de las comunidades indígenas, porque ahí se encuentra la verdadera identidad cultural.

En el recorrido fue acompañado por representantes de UNICEF. La primera comunidad a visitar fue el cantón San Ramón de San Antonio del Monte, llegando hasta la escuela Nahuat, un pequeño ranchito que los habitantes construyeron para dar clases de su propia lengua.

En ese lugar, Olmos escuchó por varios minutos las necesidades de estos jóvenes, que demandaron tener sus propios terrenos para el cultivo de sus plantas medicinales, seguir enseñando a sus descendientes el idioma nahuat e infundir sus propias costumbres. También

---

Alejandra Salcedo, *El diario de hoy*, www.elsalvador.com.

expusieron los problemas de salud y alimentación que enfrentan los niños de la zona, debido a sus escasos recursos económicos.

Entrega y humildad

El segundo sitio que visitó Olmos fue la colonia El Rosario del cantón Guacamaya en Nahuizalco, una comunidad afectada por la tormenta tropical Mitch. El lugar está rodeado de dos paredones de tierra y en medio unas casas improvisadas en las que viven 160 familias. Olmos también escuchó con atención las necesidades de los habitantes que, hasta con lágrimas en los ojos, narraban cómo el lodo había llevado sus casas y pertenencias. Una incertidumbre que va cobrando fuerza a medida que el invierno se acerca. Olmos aprovechó la oportunidad para demostrar a los habitantes su apoyo y tendía la mano a las personas reunidas, mientras a los pequeños les acariciaba su carita o los abrazaba.

El actor ha sido objeto de múltiples reconocimientos por su trabajo en el cine, la televisión y su humanismo, galardones que muchos artistas hubieran querido tener; sin embargo, Olmos asegura que no trabajó para ganar esos premios y su secreto fue siempre "hacer cada día, lo mejor que uno puede hacer" y tener la disciplina en el momento justo.

Compromisos y proyectos

Después, se dirigió a la radio Atunal, que en nahuat significa "Sol de río", una emisora indígena que presta servicio a su comunidad con escasos recursos técnicos. Ahí fue enterado sobre la historia de la radio y la manera en que operaban, luego fue entrevistado por Guillermo Tesorero, director de Atunal. Olmos contestó a las preguntas y por peticiones de los visitantes se tomó cuanta foto le pidieron; también aprovechó el momento para saludar a una anciana de 99 años de edad.

Una vez que había visto con sus propios ojos la necesidad de la gente, manifestó que regresaría con los datos y videos tomados para dar apoyo a UNICEF y los representantes se encargarían de distribuirlo. Aunque no dio fecha de su regreso, Olmos se mostró interesado en una nueva visita a El Salvador.

Entre los proyectos que le esperan están unos documentales para televisión y unas películas con temas latinoamericanos. "En los últimos 20 años hemos tenido más cosas de parte de la cultura latina, que en cualquier otra época del cine". Por el momento, está en el proyecto de una película que saldrá en dos años, porque les ha tardado cinco años en estudiar la historia. "Hemos leído más de 150 libros sobre los temas, les va a encantar porque nos van a entender como cultura latina".

Olmos terminó su visita en la Casa de la Cultura de Nahuizalco, con un aspecto cansado, pero muy satisfecho de su recorrido.

EJERCICIOS

SKIMMING FOR GENERAL MEANING

A Read the entire selection quickly, then answer the following questions.

1 Whom is this selection about? _____

2 Where is he from? _____

3 What is his usual type of work? _____

4 What did he visit, and where? _____

5 Why was he there? _____

6 Did he make a good impression? _____

SCANNING FOR DETAILS

B Read the selection carefully to find the answers to the following questions; write the answers below.

1 What kind of communities did Olmos visit in Sonsonate?

_____

2 How long has he been a volunteer for UNICEF? _____

3 Why does he consider children's rights to be important?

_____

4 How does he define the word *raza*?

_____

5 Who was his Hispanic ancestor? _____

6 What is the *escuela Nahuat*? _____

7 What problems did they talk about in San Ramón de San Antonio del Monte?

_____

_____

8 What caused big problems for the village of *El Rosario*?

_____

9 What does Olmos consider to be the secret to his success?

_____

10 Where did he have his picture taken? _____

11 What did he promise the people at the end of his visit?

_____

_____

12 What is the theme of his next movie? _____

Un día insólito

Entró en su oficina por la puerta de servicio, como hacía a menudo para evitar a los clientes de la sala de espera. Su escritorio era una montaña de papeles y en el suelo se apilaban también documentos y libros de consulta, sobre el sofá había un chaleco y varias cajas con campanitas y ciervos de cristal. El desorden crecía a su alrededor amenazando con devorarlo. Mientras se quitaba el impermeable pasó revista a las plantas, preocupado por el aspecto fúnebre de los helechos. No alcanzó a tocar el timbre, Tina lo esperaba con la agenda del día.

—Debemos hacer algo con esta calefacción, me está matando las plantas.

—Hoy tiene una declaración a las once y acuérdese que en la tarde debe ir a los tribunales. ¿Puedo acomodar un poco aquí? Esto parece un basural, si no le importa que se lo diga, Sr. Reeves.

—Bien, pero no me toque el archivo de Benedict, estoy trabajando en eso. Escriba otra vez al club de Navidad para que no me manden más chirimbolos. ¿Me puede traer una aspirina, por favor?

—Creo que le harán falta dos. Su hermana Judy ha llamado varias veces, es urgente —anunció Tina y salió.

Reeves tomó el teléfono y llamó a su hermana, quien le comunicó en pocas palabras que Shanon había pasado temprano a dejar a David en su casa antes de emprender viaje con rumbo desconocido.

—Ven a buscar a tu hijo cuanto antes porque no pienso hacerme cargo de este monstruo, bastante tengo con mis hijos y mi madre. ¿Sabes que ahora usa pañales?

—¿David?

—Mi mamá. Veo que tampoco sabes nada de tu propio hijo.

Isabel Allende, *El plan infinito*, pp. 283–84.

EJERCICIOS

SKIMMING FOR GENERAL MEANING

A Read the entire selection quickly, then answer the following questions.

1 What does the main character do? _____

2 Where is he? _____

3 With whom is his first conversation? _____

4 What kind of state is he in? _____

5 With whom is his second conversation? _____

USING CONTEXT TO DETERMINE MEANING

B Read the following sentences, then write the meaning of the words that appear in bold type.

1 *Entró por la puerta de servicio para* **evitar** *a los clientes de la sala de espera.*

_____

2 *La oficina está muy desordenada. Parece un* **basural**. _____

3 *Es diciembre, estación de Navidad. Las cajas contienen* **campanitas y ciervos de cristal**. _____

4 *No quiero más* **chirimbolos** *del club de Navidad.* _____

5 *Ella llamó antes de* **emprender viaje**. _____

6 *No pienso* **hacerme cargo de** *este monstruo.*

_____

RECOGNIZING ARTISTIC EXPRESSIONS

C Metaphor—saying that a thing is something else—is often used in a description.

1 How is metaphor used to describe the desk?

_____

2 How is metaphor used to describe the "action" of the disorder?

_____

D Simile—saying that a thing is like something else—is expressed in Spanish by *como* or *parece*. How is simile used to describe the office?

_____

REREADING FOR COMPREHENSION

E Read the selection again, then answer the following questions.

1 *¿Cómo se llama el protagonista de la historia?* _____

2 *¿En qué condición estaba su oficina cuando entró el Sr. Reeves?*

_____

3 *¿Cómo estaba él?* _____

4 *¿Quién es Tina?* _____

5 *¿Qué tenía el Sr. Reeves en su agenda para ese día?*

_____   _____

6 *¿Quién puede ser Shanon?* _____

7 *¿Quién es David?* _____

8 *¿Qué preocupaciones ya tiene la hermana del Sr. Reeves?*

_____

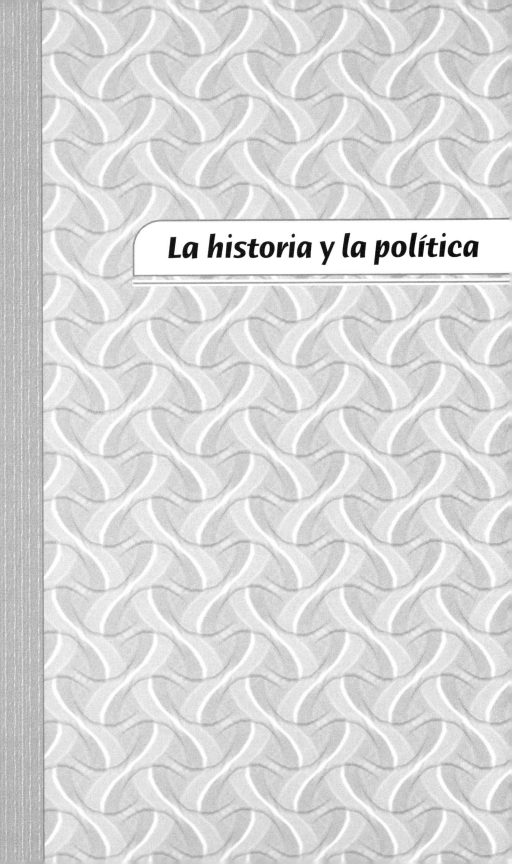

La historia y la política

Cronología

España

50.000–30.000 a.C.
Evidencia de civilizaciones por yacimientos arqueológicos encontrados como *el hombre del Orce*, el *Arte Rupestre* y por las cuevas de *Cova Negra* y *Pinar*

???–600 a.C.
Ya están establecidos los íberos

600 a.C.
Llegan los celtas, se mezclan con los íberos

600–300 a.C.
Dominan los cartagineses

300 a.C.
Llega Aníbal con el ejército cartaginés

281 a.C.–200 d.C.
Llegan los romanos a conquistar

200–400
Dominan los romanos, se establece *Hispania*

409
Llegan los bárbaros

711
Invaden los moros del norte de África, se establece *Al Andalus*

1100
Época de gran prosperidad bajo Abderramán III

1469
Unen España los Reyes Católicos

América

20.000–10.000 a.C.
Inmigran los primeros habitantes por el Estrecho de Bering

2.000 a.C.–700 a.C.
Comienzan las civilizaciones en Centroamérica, México y Perú

300–800
Florecen los mayas en Centroamérica

1200–1300
Llegan los aztecas al valle de México

1200–1500
Reinan los incas en Perú

España

1473
Se introduce la imprenta en España

1478
Establecen la Inquisición española

1492
Los Reyes Católicos conquistan
Granada y terminan la dominación
de los moros; mandan a Cristóbal
Colón a las Indias

1517
Nombran a Carlos V emperador
de España y las Indias

1519–1522
Magallanes viaja alrededor del
mundo

1555–1598
Reina Felipe II

América

1492
Llega Cristóbal Colón

1492–1521
Llegan los exploradores de Europa

1528
Establecen la Inquisición española
en América

1532
Llega Pizarro al Perú

1535
Establecen en México el Virreinato
de Nueva España

Pizarro establece en Lima la Ciudad
de los Reyes

1538
Fundan Santa Fé de Bogotá

Fundan la Universidad de Santo
Tomás, en Santo Domingo, primera
en el continente

1539
Fundan Asunción del Paraguay

Introducen la imprenta en México,
primera en el continente

1541
Fundan Santiago de Chile

1544
Establecen el Virreinato del Perú

1553
Fundan la Universidad de México
y la Universidad de San Marcos
de Lima

1580
Establecen la ciudad de Buenos Aires

España

1598–1700
Pierde gran parte del Imperio bajo
Felipe III, Felipe IV, Carlos II

1700–1746
Reina Felipe V

1702–1713
Guerra de Sucesión

1759–1788
Reina Carlos III

1788–1808
Reina Carlos IV

1808–1814
Guerra de Independencia contra
Napoleón

1810–1813
Guerra de Independencia de México

1811–1824
Guerras de Independencia de
América del Sur

1814–1833
Reina Fernando VII

América

1717–1721
Establecen el Virreinato de Nueva
Granada

1776
Establecen el Virreinato del Río de
la Plata

Independencia de los Estados Unidos
de América

1804
Independencia de Haití

1808
Proclaman a J. Bonaparte emperador
de España y las Indias

1810
Comienzan las guerras de
independencia

1813
Independencia de Paraguay y México

1815
Escribe Simón Bolívar la *Carta de
Jamaica*

1816
Independencia de las Provincias
Unidas del Río de la Plata

1818
Independencia de Chile

1821
Independencia de la República
Dominicana

Independencia de México

1822
Independencia de Ecuador

1825
Independencia de Bolivia

España

América

1829
Se independiza Uruguay de las
Provincias Unidas del Río de la Plata

1829–1830
Se separan Ecuador, Colombia y
Venezuela de la Gran Colombia

1833–1840
Guerras Carlistas

1833–1868
Reina Isabel II

1834
Suprimen la Inquisición española
en América

1836
Se separa Texas de México

1844
Los Estados Unidos anexa partes
de Colorado, Nuevo México, Kansas,
Oklahoma y Texas

1845
Los Estados Unidos anexa Texas

1845–1848
Guerra entre México y los Estados
Unidos

1848
Gana los Estados Unidos California,
Utah, Nevada y partes de Arizona,
Nuevo México, Colorado y Wyoming

1861
Francia interviene en México;
se proclama Maximiliano como
emperador

1865–1870
Guerra de Argentina, Uruguay y
Brasil contra Paraguay

1867
Ejecutan al emperador Maximiliano
en México

1872–1876
Guerras Carlistas

1873–1874
Se establece la República Española

1874–1885
Se restaura la monarquía;
reina Alfonso XII

1879–1883
Guerra de Bolivia y Perú contra
Chile

España

1885–1902
Sirve como reina María Cristina,
madre de Alfonso XIII

1902–1931
Reina Alfonso XIII

1914–1918
España neutral

1923–1930
Gobierna el dictador Primo de Rivera

1931
Proclaman la Segunda República

1936
Comienza la Guerra Civil

1939
Triunfan los franquistas bajo
el Generalísimo Francisco Franco

1939–1945
Segunda Guerra Mundial

1959
Se funda la ETA en el País Vasco

América

1888
Terminan la esclavitud en Brasil

1889
Se reúnen en Washington, D.C.
los países panamericanos en la
primera conferencia de los Estados
Americanos

1898
España pierde Cuba, Puerto Rico
y las Filipinas en la guerra contra los
Estados Unidos

1902
Se independiza Cuba

1903
Se independiza Panamá de Colombia

1910–1920
Revolución mexicana

1914
Se abre el canal de Panamá

1914–1918
Primera Guerra Mundial

1930
Empieza la dictadura de Rafael
Trujillo en la República Dominicana

1933–1938
Guerra entre Bolivia y Paraguay

1934
Se establece el Partido Revolucionario Institucional en México

1939–1945
Segunda Guerra Mundial

1946–1955
Gobierna Juan Perón en Argentina

1959
Empieza el comunismo en Cuba
bajo Fidel Castro

España

América

1960
Se establece el Mercado Común Centroamericano

1961
Se muere Rafael Trujillo en la República Dominicana

1965
Empieza la guerra civil en Colombia

1966
Se establece gobierno militar en Argentina

1968
Se establece gobierno militar en Perú

1969
Se establece gobierno militar en Bolivia

1970–1973
Se establece gobierno comunista en Chile bajo Salvador Allende

1973
Asesinan al Primer Ministro Luis Carrero Blanco

1973
Asesinan a Allende en un golpe militar en Chile; el General Augusto Pinochet asume control del gobierno

Juan Perón gobierna de nuevo en Argentina

1975
Se muere Franco

1976
Se establece gobierno militar en Argentina

1977
Se reestablece la democracia

1977
El presidente estadounidense Jimmy Carter firma tratados con el General Omar Torrijos, iniciando el proceso para devolver el canal a Panamá

1978
Se establece la nueva constitución

1979
Revolución en Nicaragua; se establece gobierno comunista bajo Daniel Ortega, jefe de la junta sandinista

1980
Calvo Sotelo es presidente

España

1982
Felipe González, del Partido
Socialista Español, es presidente

1985
España entra en la OTAN

1986
España ingresa en la Comunidad
Europea

1992
Expo en Sevilla; las Olimpíadas
en Barcelona

1996
Gana la presidencia José María
Aznar, del Partido Popular

América

1982
Guerrean Argentina e Inglaterra por
las Islas Malvinas

Gabriel García Márquez, colombiano,
gana el Premio Nobel de Literatura

1983
Se reestablece la democracia en
Argentina; Carlos Menem es
presidente

1984
Daniel Ortega es elegido como
presidente de Nicaragua; lo oponen
las guerrillas "contra" y el gobierno
de los Estados Unidos

1989
Los Estados Unidos invade Panamá

1991
Firman el Tratado del Mercosur
(Mercado Común del Sur) en
Paraguay

Nueva constitución en Colombia

1992
Se elimina el Sendero Luminoso en
Perú bajo la presidencia de Alberto
Fujimori

1993
Firman el Tratado de Libre Comercio
(NAFTA) los Estados Unidos, Canadá
y México

1998
Se establece nueva constitución
en Venezuela

Pinochet jura como Senador en
el Congreso Nacional de Chile

1999
Fernando de la Rúa es presidente
de Argentina

España

2000
El juez Baltazar Garzón pide la detención de Pinochet y da lugar a un debate internacional

2002
El euro se estrena en España y en otros países europeos

2003
España participa en la guerra en Irak

Los españoles manifiestan en la calle contra la guerra

2004
Atentado terrorista de Al Qaeda en Madrid

Gana la presidencia José Luis Rodríguez Zapatero, del PSOE

España retira sus tropas de Irak

Se casa Felipe de Borbón y Grecia con Letizia Ortiz

América

2000
México es el primer país latino-americano que firma un acuerdo de libre comercio (ALC) con la Unión Europea

Chile solicita incorporación al Mercosur

Se retira Fujimori en Perú y se escapa a Japón

2001
Asume la presidencia de México Vicente Fox (PAN); por primera vez desde 1934 México cuenta con un presidente no perteneciente al PRI (Partido Revolucionario Institucional)

Alejandro Toledo es presidente de Perú

Ordenan arresto de Pinochet—luego lo sobreseen por razones de salud

2001–2002
Crisis financiera en Argentina; de la Rúa se retira de la presidencia; regresan los peronistas con Duhalde como presidente

Presidentes elegidos: Álvaro Uribe en Colombia, Ricardo Maduro en Honduras, Abel Pacheco en Costa Rica, Gonzalo Sánchez de Lozada en Bolivia

2003
Presidentes elegidos: Nestor Kirchner en Argentina, Nicanor Duarte Frutos en Paraguay, Oscar Berger en Guatemala

Mueren 400 en un derrumbamiento en Bolivia

2004
Honduras, Guatemala, El Salvador, la República Dominicana y Nicaragua firman un acuerdo de libre comercio con EEUU (CAFTA)

Latinoamérica realiza su mayor crecimiento económico desde los años 80, debido a las exportaciones de materia prima a China

España

América

Presidentes elegidos: Leonel Fernández en la República Dominicana, Tony Saca en El Salvador, Martín Torrijos en Panamá, Tabare Vázquez en Uruguay

Mueren 300 en un incendio en Paraguay

Mueren 174 en un incendio en Buenos Aires

2005

Se legaliza el matrimonio entre personas del mismo sexo

Nace la Infanta Leonor

2005

Presidentes elegidos: Manuel Zalaya en Honduras, Evo Morales en Bolivia (primer presidente indígena de un país americano), Michelle Bachelet en Chile (primera mujer presidente)

Devastación tras huracán en Guatemala

2006

Entra en vigor la ley antitabaco

2006

Presidentes elegidos: Oscar Arias en Costa Rica, Alan García en Perú, Felipe Calderón en México, Daniel Ortega en Nicaragua, Rafael Correa en Ecuador

Fidel Castro, Evo Morales y Hugo Chávez firman un acuerdo de comercio

Fidel Castro es reemplazado por su hermano, Raúl

Más de 2000 mexicanos son asesinados debido al narcotráfico

Más de 22.000 son secuestrados en Colombia desde 1996

2007

Presidentes elegidos: Álvaro Colom en Guatemala, Cristina Fernández en Argentina

2008

Grave crisis económica

Derrumbe histórico del IBEX-35 (pérdida anual del 39.43%)

2008

Fidel Castro se retira de la presidencia

Más de 6000 mexicanos son asesinados debido al narcotráfico

2009

Recesión económica y más de 4 millones desempleados

2009

Presidentes elegidos: Mauricio Funes en El Salvador, Ricardo Martinelli en Panamá

España

América

2009

Alberto Fujimori es sentenciado a 25 años de prisión en Perú

México legaliza el matrimonio entre personas del mismo sexo

Golpe de estado en Honduras

Más de 7000 mexicanos son asesinados debido al narcotráfico

16.047 asesinados en Venezuela

2010

Cuarta presidencia española de la Unión Europea

Más de 4 millones de desempleados

Huelgas

TVE sin publicidad

2010

Presidentes elegidos: Sebastián Pinera en Chile, Porfirio Lobo en Honduras, Laura Chinchilla en Costa Rica, Juan Manuel Santos en Colombia

Argentina legaliza el matrimonio entre personas del mismo sexo

33 mineros son rescatados en Chile

2011

España participa en la intervención militar en Libia

2011

Ollanta Humala gana la presidencia de Perú

EJERCICIO

SCANNING FOR DETAILS

A Study the time line carefully, then answer the following questions.

1 Which lasted longer, the Roman domination in Spain or the Mayan civilization in Central America? _____

2 How long was Spain under Moorish rule? _____

3 For what reasons is 1492 an important date?

_____

_____

4 Where were the Incas, and how long had their civilization dominated when the Spaniards arrived? _____

5 Who was emperor of Spain when Pizarro went to Peru? _____

6 Where was the first university established in the Americas? _____

7 When was the printing press introduced in Mexico? _____

8 How many viceroyalties were established in the Americas? _____

9 What were the first Spanish-speaking countries to win independence?

_____   _____

10 What was happening in Spain when the first countries gained their independence? _____

11 What did México lose in the war with the United States?

_____

12 Who was Maximiliano? _____

13 Who was the first king of Spain after the monarchy was restored?

_____

14 How did Puerto Rico become part of the United States?

_____

15 What happened in Mexico, Cuba, and Panama during the reign of Alfonso XIII? _____

_____

16 What government came to power at the end of the Spanish Civil War?

_____

17 How long had Juan Perón been out of office when he returned to power?

_____

18 Which countries in the Americas have had communist governments?

_____   _____

_____

19 What happened in Spain in 1977–1978?

_____

20 What important trade agreements have been established in the Americas?

_____   _____

_____   _____

21 Which Hispanic countries have legalized gay marriage?

_____   _____

_____

22 What Hispanic women presidents were elected between 2000 and 2010, and in what countries?

_____   _____

_____

Simón Bolívar

1783–1830. Militar y político sudamericano de origen venezolano.

Dijo Simón Bolívar sobre...

la confianza
La confianza ha de darnos la paz. No basta la buena fe, es preciso mostrarla, porque los hombres siempre ven y pocas veces piensan.

el honor
Dichosísimo aquel que corriendo por entre los escollos de la guerra, de la política y de las desgracias públicas, preserva su honor intacto.

la libertad
Más cuesta mantener el equilibrio de la libertad que soportar el peso de la tiranía.

Como amo la libertad tengo sentimientos nobles y liberales; y si suelo ser severo, es solamente con aquellos que pretenden destruirnos.

el triunfo
Para el logro del triunfo siempre ha sido indispensable pasar por la senda de los sacrificios.

la tiranía
Huid del país donde uno solo ejerce todos los poderes: es un país de esclavos.

la ignorancia
Nuestras discordias tienen su origen en las dos más copiosas fuentes de calamidad pública: la ignorancia y la debilidad.

el vencimiento
El arte de vencer se aprende en las derrotas.

el estado
Si un hombre fuese necesario para sostener el Estado, ese Estado no debería existir; y al fin no existiría.

la justicia
Es difícil hacer justicia a quien nos ha ofendido.

www.proverbia.net.

EJERCICIOS

USING COGNATES TO DETERMINE MEANING

A The subject of each quotation in this selection has a cognate in English. Write the English equivalent of each of these Spanish nouns.

1 *la confianza* _____

2 *el honor* _____

3 *la libertad* _____

4 *el triunfo* _____

5 *la tiranía* _____

6 *la ignorancia* _____

7 *el estado* _____

8 *la justicia* _____

Although the Spanish noun *vencimiento* doesn't have a direct cognate in English, you may be able to determine its English meaning by looking it up in a Spanish-Spanish dictionary or thesaurus and reviewing the section for *sinónimos y antónimos.* There you will find a Spanish word that does have an English cognate. Write a synonym of each Spanish word below.

9 *vencer* _____

10 *vencimiento* _____

Consider the English words "convince" and "invincible," which share a Latin root with these Spanish words. Taking all of this information into account, write the English equivalent of each Spanish word below.

11 *vencer* _____

12 *vencimiento* _____

TRANSLATING

B Translate the quotations in this selection to English—not word-for-word, but rather as if they had been spoken by George Washington or Patrick Henry.

1 *la confianza*

_____

_____

2 *el honor*

_____

_____

3   *la libertad*

   a _____

       _____

   b _____

       _____

4   *el triunfo*

_____

_____

5   *la tiranía*

_____

_____

6   *la ignorancia*

_____

_____

7   *el vencimiento*

_____

_____

8   *el estado*

_____

_____

9   *la justicia*

_____

_____

Celebrando
la independencia

Con gran orgullo, Bolivia festeja el 6 de agosto su independencia de España, lograda en el año 1825. Lo que antes tenía el nombre Alto Perú hoy se conoce como Bolivia y tiene su capital en la ciudad de La Paz.

Este país fue liberado del dominio español por uno de los personajes más significativos de la historia latinoamericana: Simón Bolívar.

En un momento juró Bolívar a su maestro:

«Juro delante de usted, juro por el Dios de mis padres, juro por mi honor y mi patria, que no daré descanso a mi brazo ni reposo a mi alma hasta que haya roto las cadenas que nos oprimen por voluntad del poder español».

Promesa cumplida.

Los bolivianos no solamente festejan su independencia, sino también el gran orgullo que sienten por sus costumbres, sus tradiciones y su gente. La celebración se lleva a cabo en la Casa de la Independencia de Bolivia, que fue donde se firmó el documento que liberó el territorio en aquel glorioso 6 de agosto de 1825. Se hace una sesión de honor a la cual asiste el presidente de la República. Asiste también todo el gabinete y las autoridades más importantes. Después se lleva a cabo una misa católica y en las calles hay desfiles de escolares y de trabajadores frente al altar patrio, que se monta con las imágenes de Simón Bolívar y el Mariscal Sucre.

En las casas se reúnen con los familiares y los amigos y celebran con los platillos típicos de la región. Son muy bailadores los bolivianos y no hay fiesta que no termine con un gran baile, así que también durante la independencia se baila en las reuniones la música popular, es decir, la música folclórica.

www.EsMas.com.

215

EJERCICIOS

USING COGNATES TO DETERMINE MEANING

__A__ Write the Spanish words from the selection that are cognates of the following English words.

Nouns (*Sustantivos*)

1	authority	_____	8	history _____
2	cabinet	_____	9	honor _____
3	capital	_____	10	independence _____
4	celebration	_____	11	moment _____
5	custom	_____	12	session _____
6	document	_____	13	territory _____
7	dominion	_____	14	tradition _____

Adjectives (*Adjetivos*)

1 glorious _____   3 significant _____

2 important _____   4 typical _____

Verbs (*Verbos*)

1 celebrate _____   2 liberate _____

> Beware of false cognates. Following are Spanish words with their English meaning.
>
> | | |
> |---|---|
> | *personaje/persona importante* | character/personage |
> | *personaje* | character (in a play) |
> | *tipo* | character (joker) |
> | *carácter* | character (temperament) |
> | *(de buena/mala) reputación* | (of good/bad) character |

__B__ Complete the following sentences.

1 *¿Quiénes son los _____ más importantes en la obra de teatro?*
   characters

2 *Nos reímos mucho con Rafael: es un _____ muy divertido.*
   character

3 *Tengo mucha confianza en este candidato, es una persona de buena*

   _____.
   character

4 *Bolívar fue un _____ muy importante en la historia de las*
   character

   Américas.

USING CONTEXT TO DETERMINE MEANING

C Read the following sentences, then write the meaning of the words that appear in bold type.

1 *Con gran **orgullo**, Bolivia **festeja** su independencia de España, **lograda** en el año 1825.*

_____   _____   _____

2 *Son muy **bailadores** los bolivianos—todas las fiestas terminan con un baile.*

_____

3 ***Juro** por mi honor y mi patria.* _____

4 ***Sienten** un gran orgullo por sus costumbres, sus tradiciones y su gente.*

_____

5 *El presidente va a **firmar** el documento.* _____

6 *El presidente va a **asistir** a una sesión de honor.* _____

7 *Muchas personas asisten a la **misa** católica.* _____

8 *El Día de Independencia siempre marchan los **escolares** en un **desfile** en la calle principal.* _____   _____

9 *Los amigos se van a **reunir** en la casa después del desfile.*

_____

UNDERSTANDING PHRASE PATTERNS

The construction *se* + third-person verb can be used to express action without saying who is performing the action, often implying that it is action performed by most people.

***Se come** pavo el día de Thanksgiving.*	Turkey is eaten at Thanksgiving./ Most people eat turkey on Thanksgiving Day.
***Se comen** otros platos tradicionales.*	Other traditional dishes are eaten./ We/They eat other traditional dishes.
***Se vende** el periódico en la farmacia.*	The newspaper is sold at the drugstore./You can get the newspaper at the drugstore.
***Se venden** los cosméticos en la farmacia.*	Cosmetics are sold at the drugstore./ They sell cosmetics at the drugstore.

The same construction can be used in other tenses.

***Se vendió** la casa.*	The house was sold.
***Se vendieron** todas las casas.*	All the houses were sold.

D Write the English equivalents of the following sentences.

1 *Alto Perú hoy se conoce como Bolivia.*

_____

2 *La Casa de la Independencia es el lugar donde se firmó el documento.*

_____

3 *Se hace una sesión de honor.*

_____

4 *Se monta el altar con las imágenes de Bolívar y Sucre.*

_____

5 *En las casas se reúnen con los amigos y familiares.*

_____

6 *Se baila en las reuniones.*

_____

USING PHRASE PATTERNS AND CONTEXT CLUES TO DETERMINE MEANING

E Read the following sentences.

> **Se lleva a cabo** *una misa católica en la catedral.*
> *La celebración* **se lleva a cabo** *en la Casa de la Independencia.*

What does *llevar a cabo* mean? _____

REREADING FOR COMPREHENSION

F Read the entire selection again, then answer the following questions.

1 When is Bolivia's Independence Day? _____

2 What was Bolivia formerly named? _____

3 What is Bolivia's capital city? _____

4 Who is the national hero? _____

5 Where do the official celebrations take place?

_____

6 Who attends the memorial service?

_____

7 What happens after the memorial service? _____

8 How do people celebrate at home? _____

El Canal de Panamá

El Canal de Panamá es como una de las maravillas de ingeniería del mundo. Aun con los adelantos de hoy es asombroso observar cómo un enorme barco de contenedores se desliza a través de las esclusas para cruzar de un océano a otro. El Canal tiene aproximadamente 50 millas de largo y para completar el tránsito, los barcos son elevados a una altura de 85 pies por medio de tres juegos de esclusas. El Canal en sí se transita en ocho horas, pero las naves permanecen de catorce a dieciséis horas en aguas territoriales. Llama extraordinariamente la atención la operación del Canal por su eficiencia, a pesar de haberse construido al inicio del siglo XX.

Pero la historia comenzó muchos años atrás. En 1524 el Rey de España, Carlos V, ordenó estudiar la posibilidad de construir una ruta a través del Istmo, pero se presumió que no se avanzó al estimar que machetes no servirían para la tarea.

En 1821 Panamá se independizó de España y se unió voluntariamente a Colombia. En 1880 los franceses iniciaron los trabajos de excavación para construir un canal por el Istmo bajo la dirección del Conde Fernando de Lesseps, constructor del Canal de Suez, pero 20 años después de luchar con la selva, enfermedades y serios problemas financieros se vieron forzados a abandonar el enorme proyecto.

El 3 de noviembre de 1903 Panamá se separó de Colombia y surgió como república independiente. Ese mismo año (el 18 de noviembre) se firmó en Washington el tratado concediéndole a los Estados Unidos la autorización para construir un canal por el territorio panameño.

El 15 de agosto de 1914, el carguero norteamericano *Ancón* hizo la primera travesía por el Canal.

El 1º de octubre de 1979, el famoso Canal de Panamá entró en otra etapa de su historia. De acuerdo con los tratados firmados por el entonces Jefe de Gobierno de Panamá General Omar Torrijos Herrera (q.e.p.d.)* y el Presidente de los Estados Unidos Jimmy Carter el 7 de septiembre de 1977, en Washington, la "Zona del Canal" de 10 millas

---

www.focuspublicationsint.com.
*q.e.p.d. is an abbreviation for *qué en paz descanse* "may he/she rest in peace."

de ancho y 50 de largo, comenzó a revertir a Panamá. El proceso de entregar el Canal y toda su infraestructura en la antigua Zona del Canal tomó 20 años y concluyó el 1° de enero del año 2000.

El peaje promedio que pagan los barcos por transitar el Canal es alrededor de $29.000, pero muchos de ellos se ahorran hasta diez veces esa cifra al eliminar el viaje alrededor del Cabo de Hornos. Como dato interesante podemos mencionar que el *Rhapsody of the Seas* ostenta el récord de haber pagado la cifra más alta, $165.235,58, mientras el señor Richard Halliburton aún mantiene el suyo por haber pagado en 1926 la cifra más baja, 0,36 centésimos, cuando se le calculó su desplazamiento para cruzar el Canal nadando.

EJERCICIOS

SKIMMING FOR GENERAL MEANING

This selection contains many Spanish words that have English cognates. Even when you read through the selection quickly, cognates make it much easier to get an idea of its overall meaning.

USING CONTEXT TO DETERMINE MEANING

The following words may be new to you.

NOUNS

adelantados	carguero	cifra
esclusas	travesía	desplazamiento
juegos de esclusas	etapa	
tarea	peaje	

VERBS

deslizarse	firmar	ahorrar
surgir	entregar	

A Read these words in context, then write the meaning of each one in the space provided.

1 *Aun con los **adelantados** de hoy es asombroso observar la maravilla de ingeniería del Canal.* _____

2 *Los enormes barcos de contenedores **se deslizan** a través de **las esclusas** para cruzar de un océano a otro.* _____ _____

3 *Los barcos son elevados por medio de tres **juegos de esclusas**.*

_____

4 *Los machetes no sirven para **la tarea** de construir un canal.*

   _____

5 *Panamá se separó de Colombia y **surgió** como república independiente.*

   _____

6 *El **carguero** norteamericano Ancón hizo la primera **travesía** por el Canal.*

   _____   _____

7 *En 1979, el Canal entró en otra **etapa** de su historia.* _____

8 *Los tratados fueron **firmados** por el General Omar Torrijos Herrera y el
   Presidente Jimmy Carter.* _____

9 *El proceso de **entregar** el Canal tomó 20 años.* _____

10 *El **peaje** promedio que pagan los barcos por transitar el Canal es $29.000.*

    _____

11 *Muchos barcos **ahorran** diez veces esta **cifra** al eliminar el viaje alrededor del
    Cabo de Hornos.* _____   _____

12 *Sólo pagó 36 centésimos por su **desplazamiento** para cruzar el Canal
    nadando.* _____

READING NUMBERS

B Look at the numbers mentioned in the selection, then tell how they are
written differently in Spanish and English.

_____

_____

SCANNING FOR DETAILS

C Read the selection carefully to find the answers to the following questions.
Write the answers in the space provided.

1 What political leader made the first attempt to study the possibility of building
   a canal in Panama? When was that? _____

   _____

2 What expertise did el Conde Fernando de Lesseps bring to the project?
   What country sponsored him?

   _____

   _____

3 Why did they give up? _____

4   When did Panama become an independent republic? What else happened that same year?

_____   _____

5   What was the name of the first ship to cross the Canal? _____

6   What happened in 1979? Who signed the treaty?

_____

_____

7   How long did the transfer of the Canal from the United States to Panama take? _____

8   What is the average toll for crossing the Canal? _____

9   What is the highest toll ever paid? What is the lowest?

_____   _____

La pacifista

Ana Teresa Bernal ha dedicado años a luchar contra la guerra. Es la coordinadora de la Semana por la Paz desde el 8 de septiembre. Cuando vio por televisión cómo desaparecía bajo las llamas el antiguo Palacio de Justicia y oyó a los magistrados rogar por sus vidas, Ana Teresa Bernal se prometió a sí misma que apostaría todas sus fuerzas a luchar por la paz y contra la guerra.

Un año después, en frente de ese palacio, artistas de todo el país tapizaron la plaza con flores y con un gran concierto dieron a luz el Movimiento por la Vida. Desde finales de los 80 Ana Teresa lideró ese grupo, que luchó por rescatar la vida en medio de tantos muertos. Una gran cena nacional, una vuelta a Colombia y cientos de foros fueron algunas de sus estrategias. A principios de los 90 el movimiento perdió intensidad pero se transformó en la Red de Iniciativas Ciudadanas por la Paz y contra la Guerra (Redepaz), que bajo la batuta de Ana Teresa coordina todos los años desde 1994 la Semana por la Paz.

Son cinco días, desde el 8 de septiembre hasta el 13, en que el país habla más de paz que de guerra, piensa más en cómo hacerles resistencia a los guerreros que en cómo fortalecerlos y asume iniciativas ciudadanas para coger las riendas del país y para no delegar a otros las decisiones sobre el futuro de Colombia.

Apostarle a la vida, a la paz, a Eros, no es fácil. Para ello toca volver a empezar todos los días. Cuando Ana Teresa lideró en 1997, junto con otras organizaciones, el Mandato Ciudadano por la Paz, por lo menos 10 millones de colombianos votaron a favor de la solución política a la guerra. Hoy son muchos menos los que creen en ella con igual fuerza.

Pero esta bogotana de 42 años no se desanima. Hija de la famosa torera Teresita Montañez, heredó de su madre el coraje para capotear a los pesimistas y trabajar con los que sólo le tienen miedo a una guerra de verdad. Tuvo dos influencias grandes en su vida: la de un hippy pensador y la de un activista de la Juco. Del primero aprendió la

---

Semana, 27 de agosto de 2001, p. 63. Reproducida aquí con el permiso de *Semana Magazine*, Colombia.

irreverencia, la pasión por lo bello y la forma de cambiar las costumbres sin recurrir a la violencia. Del segundo, la eficacia de la política.

A los 13 años Ana Teresa parecía más una monjita de izquierda que una adolescente. Mientras sus compañeras iban a fiestas ella leía a Marx, a Lenin y a Mao. Aún en su uniforme de colegiala repartía volantes en las calles que invitaban a los trabajadores a la revolución y enfurecía a sus vecinos con las filas de niños de la calle que enfilaban por su apartamento para que ella les enseñara a escribir.

A los 20 años se casó pero muy pronto se aburrió de ser ama de casa y volvió con toda la fuerza al activismo político. Se vinculó a Firmes, coqueteó con el M-19, fue candidata a la Asamblea Constituyente y ahora es delegada del gobierno en el Comité temático de los diálogos con las FARC. Pero su mayor aporte ha sido impulsar el movimiento pacifista en Colombia. Desde Redepaz ha impulsado talleres de educación para la convivencia, ha sentado en la misma mesa a las víctimas de los grupos armados para que trabajen de la mano contra la guerra en busca de cumplir su gran sueño: *Que seamos capaces de cambiar este país sin matarnos.*

EJERCICIOS

SKIMMING FOR GENERAL MEANING

A Read the entire selection quickly, then answer the following questions.

1 Whom is this selection about? _____

2 How would you describe her? _____

3 What is her goal? _____

USING WORD FORMATION TO DETERMINE MEANING

The preterite tense is used to relate events that began and ended in the past. The third-person preterite is formed as follows.

-ar verbs	infinitive form minus *-ar* + *-ó/-aron*
-er/-ir verbs	infinitive form minus *-er/-ir* + *-ió/-ieron*

The forms for *ser* and *ir* are *fue/fueron*; the forms for *tener* are *tuvo/tuvieron*.

B Find the preterite forms of the following verbs in the selection and write each form below, along with the subject of the verb (performer of the action).

		PRETERITE FORM	SUBJECT
1	*ver*	_____	_____
2	*oír*	_____	_____
3	*prometerse*	_____	_____
4	*tapizar*	_____	_____
5	*dar a luz*	_____	_____
6	*liderar*	_____	_____
7	*luchar*	_____	_____
8	*ser*	_____	_____
9	*perder*	_____	_____
10	*transformarse*	_____	_____
11	*votar*	_____	_____
12	*tener*	_____	_____
13	*aprender*	_____	_____
14	*casarse*	_____	_____
15	*aburrirse*	_____	_____
16	*volver*	_____	_____
17	*vincularse*	_____	_____
18	*coquetear*	_____	_____

The imperfect tense is used to describe two kinds of past action, which are translated quite differently into English. The third-person singular imperfect is formed as follows.

-ar verbs	infinitive form minus *-ar* + *-aba*
-er/-ir verbs	infinitive form minus *-er/-ir* + *-ía*

The form for *ir* is *iba*; the form for *ser* is *era*.

In a narrative, or recounting of an event, background action—action that started before the preterite event or that continues to occur at the same time—is expressed by the imperfect.

*Cuando volvió a su casa, vio que los niños la **esperaban**.*

When she returned home, she saw that the children **were waiting** for her.

In a description of the past, actions that were performed customarily or that depict a way of life are expressed by the imperfect.

> *Cuando era adolescente, los niños la **esperaban** todos los días.*
>
> When she was a teenager, the children **waited/used to wait/ would wait** for her every day.

C Complete the following sentences.

1 *Cuando vio la televisión,* _____ *el Palacio de Justicia.*
   _{was going up in flames}

2 *A los trece años* _____ *una monjita que una adolescente.*
   _{she looked more like}

3 *Mientras sus amigas* _____ *a fiestas, ella* _____.
   _{went} _{read}

4 *Ana Teresa* _____ *volantes en las calles.*
   _{would distribute}

5 *Esto* _____ *a los vecinos.*
   _{used to infuriate}

6 *Los niños* _____ *por su apartamento.*
   _{lined up}

The subjunctive is used to express a wish or hoped-for outcome in the future.

Present subjunctive forms typically change the *-a* of *-ar* verbs to *-e* and the *-e* of *-er/-ir* verbs to *-a*.

pensar	*piensa*	she thinks	*piense*	she might think
volver	*vuelve*	he returns	*vuelva*	he might return
aburrirse	*se aburren*	they get bored	*se aburran*	they might get bored

Subjunctive forms are almost always preceded by *que* and sometimes by *para que*.

> ***Que** voten todos.*
>
> May everyone vote./Let's hope everyone votes.
>
> *Ella los reúne **para que** hablen.*
>
> She gets them together so that they will/might talk.
>
> *Ella lo llama **para que** vote.*
>
> She calls him to get him to vote.

D Complete the following sentences.

1 *Ana Teresa reúne a las víctimas para que* _____ *juntos.*
   _{will work}

2 *Los niños la esperan para que les* _____ *a leer.*
   _{will teach}

3 *¡Qué* _____ *la revolución!*
   _{long live}

Past subjunctive forms typically end in *-ara/-aras/-ara/-áramos/-aran* for *-ar* verbs and *-iera/-ieras/-iera/-iéramos/-ieran* for *-er/-ir* verbs.

pensar	*pensara*	she would/could/might think
volver	*volviéramos*	we would/could/might return
aburrirse	*se aburrieran*	they would/could/might get bored

Ella los reunió para que hablaran.   She got them together so they would talk.

Ella lo llamó para que votara.   She called him so he would vote.

E Complete the following sentences.

1 *Ana Teresa los reunió para que* _____ *juntos.*
      would work

2 *Los niños la esperaban para que les* _____ *a leer.*
      could teach

USING A SPANISH-SPANISH DICTIONARY

When you look up a word in a Spanish-only dictionary, you will usually find a definition that you understand or an English cognate that will guide you to the word's meaning.

aportar · *contribuir*
la aportación/el aporte · *la contribución*
impulsar · *estimular*
el impulso · *el estímulo*
apostar · *poner en una situación/arriesgar*
el volante · *hoja de papel que se distribuye en la calle para comunicar algo/rueda que se usa para conducir una máquina/tira de tela fruncida que sirve para decorar la ropa*
la convivencia · *la coexistencia/la habilidad de vivir juntos en paz*

F Using words from the list above, complete the following sentences.

1 *Bolívar* _____ *la vida por la patria.*
      risked

2 *El mayor* _____ *de Ana Teresa ha sido*
        contribution

_____ *el movimiento pacifista en Colombia.*
to stimulate

3 *Cuando joven, repartía* _____ *en las calles.*
        flyers

4 _____ *tiene que ser posible en todas partes del mundo.*
Peaceful coexistence

5 *Maneja muy bien, pues sabe usar* _____.
      the steering wheel

6 *Mi amiga es muy femenina y a ella le gusta usar vestidos y blusas con*

_____.
ruffles

USING CONTEXT TO DETERMINE MEANING

G Read the following sentences, then write the meaning of the words that appear in bold type.

1 *Los magistrados **rogaron** por sus vidas.* _____

2 *Ella decidió **luchar** por la paz y contra la guerra.* _____

3 *Los artistas **tapizaron** la plaza con flores.* _____

4 *La futura madre salió para el hospital a las tres y **dio a luz** a un precioso bebé a las cuatro y media.* _____

5 *Con flores y un concierto, **dieron a luz** el Movimiento por la Vida.*

_____

6 *Los bomberos apagaron las **llamas** y **rescataron** a muchas personas.*

_____   _____

7 *Ana Teresa luchó por **rescatar la vida** del grupo.* _____

8 *El director de la orquesta marcaba el ritmo con su **batuta**.*

_____

9 *El grupo coordina cada año la Semana por la Paz, bajo la **batuta** de Ana Teresa.* _____

10 *El hombre montó al caballo, **cogió las riendas** y se fue.*

_____

11 *Para no delegar a otros las decisiones importantes, es necesario **coger las riendas** del país.* _____

12 *No lo hice bien la primera vez. Voy a **volver a empezar**.*

_____

13 *Para hacer eso, ella tiene que **volver a empezar** todos los días.*

_____

14 *Ella tiene mucho entusiasmo, nunca **se desanima**.* _____

15 *Su madre era torera y sabía **capotear**, es decir, confundir al toro con los movimientos de la capa.* _____

16 *Ella tiene el coraje para **capotear** a los pesimistas.*

_____

17 *Es mejor resolver los problemas sin **recurrir** al terrorismo.*

_____

18 *Ella aprendió la forma de cambiar las costumbres sin **recurrir** a la violencia.*

_____

REREADING FOR COMPREHENSION

H Read the entire selection again, then answer the following questions.

1 *¿Qué coordina Ana Teresa Bernal?* _____

2 *¿Con qué organizaciones ha trabajado?*

_____ _____

_____ _____

_____

3 *¿Cuándo se lleva a cabo la Semana por la Paz?*

_____

4 *¿Qué hacen durante la Semana por la Paz?*

_____

_____

5 *¿Qué aprendió de su vida como "hippy"?*

_____

_____

6 *¿Qué posición tiene con el gobierno?*

_____

7 *¿Qué significa "Redepaz"?*

_____

8 *¿Cuál es su gran sueño?*

_____

Mario Vargas Llosa, el político detrás del escritor

por Ramón Lobo

Un diario español ya difunto tituló en 1990: "Un ingeniero japonés devuelve a Mario Vargas Llosa a la literatura". Su derrota en las elecciones presidenciales de Perú alejó al escritor de la política y lo centró en la gran novela. Salimos ganando todos. Vargas Llosa es ahora Nobel de Literatura y su rival en aquella contienda sigue en la cárcel, por corrupto. El escritor nunca se ha escondido, ni ha templado opiniones. Siempre las ha dado en numerosos asuntos de la vida política latinoamericana.

Hay intelectuales que se esconden en la Literatura para no mezclarse con el mundo que les ha tocado vivir. Grandes escritores que no se sabe qué opinan. Vargas Llosa, como reconoce la Academia sueca, se ha mojado en cada uno de sus textos desnudando los regímenes corruptos que han causado grandes daños al continente.

Por encima de cualquier opinión política, concordante o discordante, está la enormidad del escritor, su indiscutible calidad e influencia. Enhorabuena a él y a sus lectores.

http://blogs.elpais.com/aguas-internacionales/2010/10/vargas-llosa-el-politico-detras-del-escritor.html. There are videos of Vargas Llosa in Peru, Venezuela, and Cuba on this web page. Don't miss them!

EJERCICIOS

USING CONTEXT TO DETERMINE MEANING

A Write the English equivalent of the following Spanish words from the selection, considering them in the context of the sentence and the selection as a whole.

1 *difunto* _____

2 *tituló* _____

3 *derrota* _____

4 *alejó* _____

5 *contienda* _____

6 *templado* _____

7 *se esconden* _____

8 *pleitos* _____

9 *se ha mojado* _____

10 *desnudando* _____

11 *enhorabuena* _____

REREADING FOR COMPREHENSION

B Read the article again, then answer the following questions.

1 Who is the "Japanese engineer" referred to in the first sentence of this selection? _____

2 What happened to him later?

_____

3 What great prize was Vargas Llosa awarded?

_____

4 How is Vargas Llosa different from other great novelists?

_____

Ernesto Che Guevara

Revolucionario iberoamericano (Rosario, Argentina, 1928–Higueras, Bolivia, 1967). Ernesto *Che* Guevara nació en una familia acomodada de Argentina, en donde estudió Medicina. Su militancia izquierdista le llevó a participar en la oposición contra Perón; desde 1953 viajó por Perú, Ecuador, Venezuela y Guatemala, descubriendo la miseria dominante entre las masas de Iberoamérica y la omnipresencia del imperialismo norteamericano en la región, y participando en múltiples movimientos contestatarios, experiencias que le inclinaron definitivamente a la ideología marxista.

En 1955 Ernesto *Che* Guevara conoció en México a Fidel Castro y a su hermano Raúl, que preparaban una expedición revolucionaria a Cuba. Guevara trabó amistad con los Castro, se unió al grupo como médico y desembarcó con ellos en Cuba en 1956. Instalada la guerrilla en Sierra Maestra, Guevara se convirtió en lugarteniente de Castro y mandó una de las dos columnas que salieron de las montañas orientales hacia el Oeste para conquistar la isla. Participó en la decisiva batalla por la toma de Santa Clara (1958) y finalmente entró en La Habana en 1959, poniendo fin a la dictadura de Batista.

El nuevo régimen revolucionario concedió a Guevara la nacionalidad cubana y le nombró jefe de la Milicia y director del Instituto de Reforma Agraria (1959), luego presidente del Banco Nacional y ministro de Economía (1960) y, finalmente, ministro de Industria (1961). Buscando un camino para la independencia real de Cuba, se esforzó por la industrialización del país, ligándolo a la ayuda de la Unión Soviética, una vez fracasado el intento de invasión de la isla por Estados Unidos y clarificado el carácter socialista de la revolución cubana (1961). En aquellos años, Guevara representó a Cuba en varios foros internacionales, en los que denunció frontalmente el imperialismo norteamericano.

Su inquietud de revolucionario profesional, sin embargo, le hizo abandonar Cuba en secreto en 1965 y marchar al Congo, donde luchó en apoyo del movimiento revolucionario en marcha, convencido de que sólo la acción insurreccional armada era eficaz contra el impe-

---

www.BiografíasyVidas.com/biografia/g/guevara.htm.

rialismo. Relevado ya de sus cargos en el Estado cubano, el *Che* Guevara volvió a Iberoamérica en 1966 para lanzar una revolución que esperaba fuera de ámbito continental: Valorando la posición estratégica de Bolivia, eligió aquel país como centro de operaciones para instalar una guerrilla que pudiera irradiar su influencia hacia Argentina, Chile, Perú, Brasil y Paraguay.

Al frente de un pequeño grupo intentó poner en práctica su teoría, según la cual no era necesario esperar a que las condiciones sociales produjeran una insurrección popular, sino que podía ser la propia acción armada la que creara las condiciones para que se desencadenara un movimiento revolucionario (*Guerra de guerrillas,* 1960; *Recuerdos de la guerra revolucionaria,* 1963). Sin embargo, su acción no prendió en las masas bolivianas; por el contrario, aislado en una región selvática en donde padeció la agudización de su dolencia asmática, fue delatado por campesinos locales y cayó en una emboscada del ejército boliviano en la región de Valle Grande, donde fue herido y apresado.

Dado que el *Che* se había convertido en un símbolo para los jóvenes de todo el mundo, los militares bolivianos quisieron destruir el mito revolucionario, asesinándole para después exponer su cadáver, fotografiarse con él y enterrarlo en secreto. Se salvó, sin embargo, su *Diario de campaña,* publicado en 1967. En 1997 los restos del *Che* Guevara fueron localizados, exhumados y trasladados a Cuba, donde fueron enterrados con todos los honores por el régimen de Fidel Castro.

EJERCICIOS

USING GRAMMAR TO HELP DETERMINE MEANING

A The main verb in each sentence of this selection is in the preterite tense. This indicates that the narrator is providing the facts of a story in chronological order. Underline each preterite verb and list it below. Then—using cognate and context skills—write its English equivalent.

SPANISH PRETERITE VERB   ENGLISH EQUIVALENT

1 _____   _____

2 _____   _____

3 _____   _____

4 _____   _____

5 _____   _____

6 _____   _____

7 _____   _____

8 _____   _____

9 _____   _____

10 _____   _____

11 _____   _____

12 _____   _____

13 _____   _____

14 _____   _____

15 _____   _____

16 _____   _____

17 _____   _____

18 _____   _____

19 _____   _____

20 _____   _____

21 _____   _____

22 _____   _____

23 _____   _____

24 _____   _____

25 _____   _____

26 _____   _____

27 _____   _____

28 _____   _____

29 _____   _____

30 _____   _____

31 _____   _____

32 _____   _____

33 _____   _____

Certain verbs used with indirect object pronouns can carry the meaning "cause" or "lead to."

hacer(le) a abandonar	cause (him/her/you) to abandon
llevar(le) a participar	lead (him/her/you) to participate
inclinar(le) a la ideología	lead (him/her/you) toward the ideology

B Complete each sentence with an appropriate subject to indicate the cause of the action that follows, based on your reading of the selection.

1 _____ *le llevó a participar en la oposición en contra de Perón.*

2 _____ *le inclinaron definitivamente a la ideología marxista.*

3 _____ *le hizo abandonar Cuba.*

USING DISCOURSE MARKERS TO HELP DETERMINE MEANING

Discourse markers are words and expressions that signal to readers or listeners exactly how the author intends for the words that follow to be interpreted. The following discourse markers appear in this selection:

dado que	since; given that (introduces a fact that is assumed to be already known by the reader or listener)
sin embargo	however; nevertheless (introduces a fact that is unexpected)
sino que	but instead (corrects a previous assumption)
luego	then; so; therefore (introduces the action that follows)
finalmente	finally (introduces the last action of a series)
por el contrario	just the opposite (introduces a fact that is the exact opposite of what was previously said)

C Complete each sentence with the appropriate discourse marker from the list above.

1 *Mi hermano no volvió a casa esa noche,* _____ *fue a la casa de un amigo.*

2 *El amigo de mi hermano no es un chico malo,* _____ *ha tenido algunos problemas con las autoridades de la escuela.*

3 _____ ha tenido problemas con las autoridades, algunos padres no quieren que sus hijos se asocien con él.

4 El chico no es flojo, _____ es bastante trabajador.

5 Mi abuela sirvió la sopa y _____ se sentó para comer.

6 Yo cené con mi familia, hice mis tareas y _____ fui a dormir.

Una conversación entre marido y mujer

—¿Cómo hago, Chinita? —se disculpó el marido—. Me paso el día contestando las cartas que te mandan a vos. Son más de tres mil cartas, y en todas te piden algo: una beca para los hijos, ajuares de novia, juegos de dormitorio, trabajos de sereno, qué sé yo. Tenés que levantarte rápido antes de que yo también me enferme.

—No te hagas el gracioso. Sabés que mañana o pasado me voy a morir. Si te pido que vengas es porque necesito encargarte algunas cosas.

—Pedíme lo que quieras.

—No abandones a los pobres, a mis grasitas. Todos estos que andan por aquí lamiéndote los zapatos te van a dar vuelta la cara algún día. Pero los pobres no, Juan. Son los únicos que saben ser fieles. —El marido le acarició el pelo. Ella le apartó las manos: —Hay una sola cosa que no te voy a perdonar.

—Que me case de nuevo —trató de bromear él.

—Cásate las veces que quieras. Para mí, mejor. Así vas a darte cuenta de lo que has perdido. Lo que no quiero es que la gente me olvide, Juan. No dejes que me olviden.

—Quedáte tranquila. Ya está todo arreglado. No te van a olvidar.

—Claro. Ya está todo arreglado —repitió Evita.

Tomás Eloy Martínez, *Santa Evita*, pp. 14–15.

EJERCICIOS

USING WORD FORMATION TO DETERMINE MEANING

Affirmative commands are given in the present indicative when directed at someone addressed as *tú*. Object and reflexive pronouns are added to the end of these commands.

Llama a mi madre. Llámala.	Call my mother. Call her.
Ayuda a tu hermano. Ayúdalo.	Help your brother. Help him.
Siéntate aquí.	Sit here.

A Find the commands in the selection that correspond to the following English commands and write them below.

1 Get married. _____

2 Stay calm. _____

Negative commands are given in the present subjunctive. Object and reflexive pronouns go between the *no* and the verb.

No llames a mi madre. No la llames.	Don't call my mother. Don't call her.
No ayudes a tu hermano. No lo ayudes.	Don't help your brother. Don't help him.
No te sientes aquí.	Don't sit here.

B Find the commands in the selection that correspond to the following English commands and write them below.

1 Don't abandon the poor people.

_____

2 Don't be funny.

_____

3 Don't let them forget me.

_____

The following expressions followed by the gerund form of a verb indicate weariness or slight disdain for the activity mentioned.

pasarse el día _____-ndo

Se pasa el día viendo telenovelas.	She spends the whole day watching soap operas.

anda _____-ndo

Anda diciendo que es el mejor de la clase.	He goes around saying that he's the best in the class.

C Find the expressions in the selection that correspond to the following English expressions and write them below.

1 Those who go around licking your boots (shoes)

_____

2 I spend the day answering the letters they send to you.

_____

RECOGNIZING VARIETIES OF SPANISH

Several forms of expression in this selection are typically Argentine.

- The use of *vos* and its corresponding verb forms for *tú*

    Tenés que levantarte.
    Sabés que me voy a morir.
    Pedíme lo que quieras.

- The expression *qué sé yo*—a conversation filler similar to "y'know" or "I dunno"

REREADING FOR COMPREHENSION

D Practice your reading skills to determine the meaning of unfamiliar words, read the entire selection again, and answer the following questions.

1 *¿Cuál es el nombre de cariño que el marido usa para su mujer?*

_____

2 *¿Cuántas cartas recibe esta mujer?* _____

3 *¿Qué le piden para sus hijos?* _____

   —para sus bodas? _____

   —para sus casas? _____

4 *¿Cómo está la mujer?* _____

5 *¿Qué le aconseja a su esposo?* _____

6 *Según ella, ¿quiénes son las personas fieles?* _____

7 *¿Qué le pide ella a su esposo?* _____

8 *¿Quiénes son este marido y mujer?* _____

Continuing to read

Every day brings more opportunities for you to find reading material in Spanish. Following are some suggestions to help you track them down.

Libraries

Many community libraries have entire sections devoted to books in Spanish. In addition, you'll find Spanish dictionaries in the reference section and Spanish newspapers and magazines in the periodical section. Check school and local university libraries that allow community-wide access. If you live in a large city, there may be cultural centers sponsored by individual Spanish-speaking countries, such as the Mexican Cultural Institute or the Instituto Cervantes. Cultural centers have numerous activities and resources for readers of Spanish.

Bookstores

Large bookstores usually have a section—called "Libros en español" or something similar—with shelves of both fiction and nonfiction books. Many of these are original works by Hispanic authors, and others are local best sellers that have been translated into Spanish. In the reference section, you can also find dictionaries and self-help guides for improving your language skills. Here, as well as at large newsstands, you can find newspapers and magazines from around the world.

The Internet

Every country has newspapers and magazines covering a wide range of interests that can be accessed online. Below are some key terms to help you navigate the Internet in Spanish, followed by suggestions for some websites to visit. This should give you a good start! As you know, since almost every web page you read provides links to other web pages, all you have to do is *haz clic*! When you are searching for online material in Spanish, be sure to include a Spanish word or two in the search box. For example, if you want more information about Roberto Clemente, type "Roberto Clemente beisbolista" instead of just his name. This will bring up websites written in Spanish.

Glossary of terms for the Internet

Verbs

SPANISH COMMAND FORMS (usted/tú)	SPANISH INFINITIVE	ENGLISH
busque / busca	*buscar*	search
chatee / chatea; charle / charla	*chatear; charlar*	chat
comente / comenta	*comentar*	comment
comparta / comparte	*compartir*	share
compre / compra	*comprar*	buy
conéctese / conéctate	*conectarse*	connect
continúe / continúa; siga / sigue	*continuar; seguir*	continue
envíe / envía	*enviar*	send
gane / gana	*ganar*	win; earn
haga clic / haz clic	*hacer clic*	click
ingrese / ingresa	*ingresar*	join
inicie / inicia	*iniciar*	start
muestre / muestra	*mostrar*	show
navegue / navega	*navegar*	surf
obtenga / obtén	*obtener*	get
participe / participa	*participar*	participate
publique / publica	*publicar*	post
reciba / recibe	*recibir*	receive
regístrese / regístrate	*registrarse*	register
siga / sigue	*seguir*	follow
subscriba / subscribe	*subscribir*	subscribe
vea más / ve más	*ver más*	see more
visualice / visualiza	*visualizar*	see clearly
vote / vota	*votar*	vote

Nouns

SPANISH	ENGLISH
actualidad	timely events
anuncios	announcements
blog	blog
comunidad	community
contraseña	password
deportes	sports
efectivo	cash
encuesta	survey
entretenimiento	entertainment
foro	forum
foto	photo
identificación del usuario	user ID
inicio	start
mensaje	post
menú	menu
noticias	news

Nouns (continued)

SPANISH	ENGLISH
noticieros	news reports
oferta	offer
opciones	options
página de inicio	home page
página web	web page
pantalla	screen
sitio	site
tarjeta de crédito	credit card
tarjeta de débito	debit card
tienda	store, shop
usuario	user
video (OR vídeo)	video

Warnings (*Advertencias*)

SPANISH	ENGLISH
contenido sólo para adultos (OR *contenido para adultos solamente*)	adult content
peligroso/peligrosa	dangerous
infectado/infectada	infected
malware	malware
spyware	spyware
virus	virus

Periodicals

Following is a partial list of newspapers and magazines, together with the URLs for their websites. If the URL listed is no longer active, try typing the name of the newspaper or magazine into a search engine to find the current URL.

Newspapers (*Periódicos*)

España

ABC	www.abc.es
El Mundo	www.elmundo.es
El País	www.elpais.com

Islas Canarias

Canarias7	www.canarias7.es

Argentina

Diario Clarín	www.clarin.com
La Nación	www.lanacion.com.ar

Bolivia

La Prensa	www.laprensa.com.bo
La Razón	www.la-razon.com

Chile

El Mercurio — www.emol.com
www.elmercurio.com
(requires registration)

Colombia

El Espectador — www.elespectador.com
El País — www.elpais.com.co
El Tiempo — www.eltiempo.com

Costa Rica

La Nación — www.nacion.com

Ecuador

El Telégrafo — www.eltelegrafo.com.ec

El Salvador

El Diario de Hoy — www.elsalvador.com

Honduras

La Prensa — www.laprensa.hn
El Tiempo — www.tiempo.hn

Guatemala

Diario La Hora — www.lahora.com.gt
Prensa Libre — www.prensalibre.com

México

El Economista — www.eleconomista.com.mx
Gaceta — www.gacetademexico.com
El Universal — www.eluniversal.com.mx
Pulso — www.pulsoslp.com.mx

Nicaragua

El Nuevo Diario — www.elnuevodiario.com.ni
La Prensa — www.laprensa.com.ni

Panamá

La Prensa — www.prensa.com
El Siglo — www.elsiglo.com

Paraguay

ABC Color/ABC Digital — www.abc.com.py
Última Hora — www.ultimahora.com

Puerto Rico

El Nuevo Día Interactivo — www.elnuevodia.com

Perú

El Comercio — www.elcomercio.pe
La República — www.larepublica.com.pe

República Dominicana
Listín Diario   www.listin.com.do

Venezuela
El Nacional   www.el-nacional.com
El Universal   www.eluniversal.com

Uruguay
El Observador   www.observa.com.uy

United States
Diario Las Américas (Miami)   www.diariolasaméricas.com
El Diario (New York)   www.impre.com/eldiariony
El Diario de El Paso (El Paso)   www.diariousa.com
El Nuevo Herald (Miami)   www.elnuevoherald.com
El Nuevo Heraldo (Brownsville)   www.elnuevoheraldo.com
Hoy (Chicago)   www.vivelohoy.com
La Estrella (Dallas)   www.diariolaestrella.com
La Opinión (Los Ángeles)   www.impre.com/laopinion
La Semana del Sur (Tulsa)   www.lasemanadelsur.com

Magazines (*Revistas*)

Semana (Colombia)   www.semana.com
Caretas (Perú)   www.caretas.com.pe
Acción Deportiva   www.acciondeportivatv.com
Cosmopolitan en Español   www2.esmas.com/cosmopolitan
Cristina   www.cristinaonline.com
Latino Baseball   www.latinobaseball.com
People en Español   www.peopleenespanol.com
Vogue en Español   www.vogue.es
Selecciones del Reader's Digest   mx.selecciones.com
    (México)

Also visit the following Spanish-language sites:

http://www.bbc.co.uk/mundo/
www.esmas.com
www.terra.com
www.bolivia.com (or any other country, such as www.peru.com,
    www.mexico.com)
www.espanol.yahoo.com
www.cervantesvirtual.com
www.telemundo.com

¡Siga leyendo!

Answer key

La cocina

Guía para la buena alimentación y Menú de México

A 1. frutas 2. A 3. leche, calcio 4. carne, carne, pollo y pavo, huevo(s), chícharos y frijoles, pescado 5. fibra

B 1. postres 2. la ensalada, ensalada de jamón, pollo y queso, pollo en mole negro, tacos de pollo, pechuga de pollo rellena, enmoladas de pollo, suprema de pollo, consomé de pollo, fajitas de pollo 3. café americano, expresso, capuccino 4. low in calories 5. café americano 6. camarones rellenos, medallón de camarones 7. yes

C 1. consomé de pollo, tacos de carne, fajitas de pollo 2. quesadillas, tamales, tacos, carne asada a la tampiqueña, medallón de camarones, spaghetti, tacos, fajitas, hamburguesa (con pan), sándwich, pepito 3. ensalada de frutas, lentejas con plátano

Gazpacho

A 1. number 2. persons 3. time 4. preparation 5. minutes 6. ingredients 7. tomatoes 8. mature 9. anterior 10. fine 11. vinegar 12. salt 13. part 14. moment 15. serve 16. move

B of good quality, cut into very small pieces

C 1. of, from 2. with 3. without 4. in, on, at

D separately

E las hortalizas, las verduras

F 1. to make cold/to chill 2. ice 3. refrigerator

G The cook/cooks/Mexican cuisine/in the kitchen

H 1. pelados, peeled tomatoes 2. mojado, moistened bread 3. cocinadas, cooked vegetables 4. batidos, beaten eggs 5. cocidas, stewed fruit 6. asada, grilled meat 7. hervida, boiled water

I 1. spicy (hot) food 2. boiling water

J 1. The children eat well. 2. The soup is really cold. 3. The food is quite hot.

K 1. soaked bread 2. well-fried beans 3. reheat the soup

L 1. peeled, seeds, bread, the day before, crumbs, soaked in water, tureen 2. very cold, refrigerator, pieces, ice, at the last minute

M 1. poner 2. batir 3. meter 4. mover 5. servir

N 1. Se ponen las hortalizas en la batidora. 2. Se bate la mezcla. 3. Se mete la mezcla en la nevera. 4. Se ponen unos cubitos de hielo en el gazpacho. 5. Se mueve el gazpacho. 6. Se sirve el gazpacho.

Piña

A 1. "Frutas de América tropical y subtropical, historia y usos" (Fruits of Tropical and Subtropical America, their history and uses) 2. "Piña" (Pineapple) 3. receta (recipe), pastel de piña (pineapple pie) 4. past 5. a. the American continent, 1492 and later b. native American peoples before Columbus c. the New World d. the Spaniards e. the discovery of America f. New Castile—Spain's territories in the New World g. the correspondent wrote to his king

B *Nouns:* 1. error 2. animal 3. language 4. origin 5. fruit 6. part 7. garden 8. native 9. gesture 10. treasure 11. plant 12. testimony 13. cultivation *Adjectives:* 1. savage 2. exquisite 3. fragrant 4. daily 5. medicinal 6. important *Verbs:* 1. to accompany 2. to offer 3. to suffer *Adverb:* 1. rapidly

C 1. confusión, dispersión, transformación 2. a. la cultivación b. la preparación c. la provocación d. la propagación e. la imaginación

D heredad, eternidad, hospitalidad, suavidad, necesidad, ingeniosidad

E se llamaba, cultivaban, conocían, preparaban, acompañaban

F el infinitivo (the infinitive)

El cumpleaños de Frida Kahlo

A fiestas (parties)

B 1. nopales en pipián verde, estofado de frutas, pollitos a la piña 2. pescado blanco de Pátzcuaro, manitas de cerdo, pechugas de pollo en escabeche, ropa vieja 3. ensaladeras; nopalitos, cebolla, jitomate, queso; lechugas romanas, berros, aguacates, jitomates, cebolla 4. platos de barro; borracha, mexicana, tomate con cilantro, chile cascabel con jitomate asado 5. en los centros de las mesas; dulce de camote con piña, natillas, flan de piñón; cazuelas 6. manjares infantiles

C 1. crumbled 2. split or halved 3. tossed 4. roasted

D 1. treats 2. stew 3. feet 4. breasts 5. you cook OR you boil 6. you measure 7. you drain 8. the burner 9. thick

E one that is cooked until it falls apart

F play a trick, candy-seller, two or three of these delicious treats

G 1. el abrebotellas 2. el lavaplatos, dishwasher 3. el paraguas, umbrella 4. el prensapapas, potato masher

H went around placing

Pastel chabela

A 1. Tita y Nacha 2. el pastel de boda, la boda de Pedro con Rosaura 3. 180 4. 170 5. una vasija con cebo de carnero derretido 6. agosto y septiembre 7. *Answers will vary.* 8. *Answers will vary.*

La música

Discos

A 1. discos compactos OR CDs 2. Son del Sur 3. It's probably better for relaxing. 4. Exciter 5. Tsanca, Labordeta 6. Tsanca 7. Ana Belén 8. Labordeta

La música y vitalidad de Compay Segundo

A 1. Compay Segundo 2. Cuba 3. 94 4. He's a singer, a composer, and an inventor. 5. Chan Chan, La Negra Tomasa, Las Flores de la Vida 6. the movie and the CD "Buena Vista Social Club"

B *Nouns:* 1. music 2. vitality 3. record 4. interest 5. composer 6. inventor 7. instrument 8. hybrid 9. guitar 10. duo 11. member 12. rhythm 13. musician 14. study, (recording) studio 15. contemporary 16. project 17. time 18. musicologist 19. base *Adjectives:* 1. famous 2. modern 3. animated 4. second 5. Caribbean 6. well-known 7. entire *Verbs:* 1. to create 2. to venerate 3. to announce 4. to affirm 5. to insist

C 1. film, película 2. group, conjunto 3. extension, prórroga 4. famous, reconocido 5. appear, surgir 6. be satisfied, conformarse

D 1. an instrument with three strings 2. ago (back) 3. he played alongside 4. replaced by 5. remained 6. recording

Los premios Grammy Latinos

A 1. Plácido Domingo, ópera 2. Pepe Aguilar, ranchera 3. Juan Esteban Aristizabal, rock 4. Christina Aguilera, pop-R&B 5. Bebel Gilberto, romántica 6. Sindicato Argentino, hip-hop 7. Luis Miguel, bolero 8. Julio Iglesias, melódica

B six

C *Sustantivos:* 1. giant 2. representative 3. tenor 4. opera 5. type 6. tribute 7. rock singer 8. nomination 9. population 10. opportunity *Adjetivos:* 1. possible 2. annual 3. professional 4. diverse 5. romantic 6. philanthropic 7. rich 8. seductive *Verbos:* 1. to nominate 2. to be of the opinion 3. to mix 4. to offer 5. to define 6. to compete 7. to include

D 1. actual 2. espectáculo 3. realmente 4. corriente

E 1. representante 2. presidente 3. residentes 4. inmigrantes 5. ayudante

F 1. la población 2. las nominaciones 3. la posición 4. las atracciones 5. la sección 6. la representación 7. las organizaciones 8. la competición

G 1. different 2. Rap music is quite different from classical music./ Rap music and classical music have nothing in common./Rap music is nothing like classical music. 3. award or prize 4. achievements

Los Rabanes

A 1. Chitré, Panama 2. The first Latin Grammy Award for Best Rock Album by a Duo or Group with Vocal, for *Kamikaze* 3. three, Emilio Reguiera, Christian Torres, Javier Saavedra 4. reggae, Haitian sound, salsa, Cuban rhythm, ska, rap, hip-hop, Spanglish, and meringue house 5. Mexico, Puerto Rico, U.S.A., Europe 6. Emilio Stefan

B 1. native to or originally from 2. located 3. awarding or "handing over" 4. native to or authentic 5. achieving

Del Gado y la música andina

A   1. ciudad, city   2. humanidad, humanity   3. originalidad, originality
4. sonoridad, sonority   5. autenticidad, authenticity   6. fraternidad, fraternity
7. proximidad, proximity

B   1. civilización, civilization   2. vibraciones, vibrations   3. relación, relation
4. comunión, communion   5. excepcional, exceptional   6. tradicional,
traditional

C   1. concert   2. emblem   3. spirit   4. group   5. instrument   6. material
7. meter   8. musician   9. north   10. patrimony   11. esteem   12. harmony
13. image   14. mountain   15. music   16. nature   17. Andean   18. Incan
19. Indian   20. maximum   21. sacred   22. situated   23. during   24. create
25. elaborate

Tomatito

A   1. an interview   2. flamenco   3. las bulerías, las soleás, las tarantas
4. Turkish music, jazz   5. Camarón, for almost 20 years   6. two Grammys
7. Elton John, Frank Sinatra, George Benson   8. *Pacto con el diablo, Flamenco*

B   1. la guitarrista   2. el solista   3. el saxofonista   4. la jazzista   5. la celista
6. las violinistas   7. los pianistas

C   1. because (of the fact that)   2. It's all the same to me.   3. fashionable
4. sound tracks   5. naturally, it goes without saying

El tango

A   1. Buenos Aires   2. no   3. Pope Pius X, who thought it was immoral until
he saw a performance   4. Paris, New York, Tokyo   5. Buenos Aires   6. yes
7. on a tango tour of Buenos Aires   8. to the tango hotline in any big city
9. tangueros   10. milongas

Si se calla el cantor

A   The singer should sing.

B   1. a song   2. hope, light, and joy   3. be a light over the fields for those
below   4. silence   5. life itself

Recuerdos de la niñez

A   1. por medio de las canciones (singing songs)   2. Miss Jiménez   3. no
4. "America the Beautiful"   5. a Puerto Rico   6. la hija del mar y el sol (the
daughter of the sea and the sun)   7. Cristóbal Colón (Christopher Columbus)
8. "En mi viejo San Juan"

B   1. la Guindilla   2. Sí   3. el día de la Virgen   4. 42   5. con su varita (baton)
6. porque había cambiado su voz (his voice had changed)   7. con admiración

C   1. a fin de año (at the end of the year)   2. Julius   3. Susan   4. bastante
cambiado (changed quite a bit)   5. los mejores alumnos (the best students)
6. la monja de las pecas (the nun with freckles)   7. de nervios (nerves)
8. con mucho sentimiento (with a lot of feeling)   9. Danza Apache   10. Hizo
una donación para el colegio nuevo (made a donation for the new school).

Los deportes

Todos somos Guerreros

A   1. special promotions for the Guerreros' baseball games in July and August
2. Thursdays, July 19 and August 2; Any gentleman who buys a ticket for
himself can bring in a lady free of charge, provided she wears the team colors.
3. red, white, and black   4. 50 pesos   5. Tato/He sponsors games and contests.
6. Three adults get a discounted ticket plus a "torta" and a drink each.   7. Two
can go to Saturday's game for the price of one.   8. Children under twelve are
admitted free on July 20 and August 3. No; they must be accompanied by
a paying adult.   9. Family Sunday   10. San José and Pasadena   11. Estadio
Central

Deportes acuáticos en Costa Rica

A   1. water sports in Costa Rica   2. You can be active and observe marvels
of nature at the same time.

B   1. surfing, windsurfing, kitesurfing, whitewater rafting, kayaking, canoeing,
canyoning, scuba diving, snorkeling   2. windsurfing, kitesurfing   3. canoeing
4. canyoning   5. scuba diving   6. its location between the Pacific Ocean and
the Caribbean Sea

Lorena Ochoa, golfista extraordinaria

A   *Answers will vary.*

B   1. winning tournaments   2. golf   3. ecotlons, horseback riding, fishing,
mountain climbing, mountain biking, rapelling, kayaking, hiking, swimming
4. the University of Arizona   5. NCAA Player of the Year, National Sports Award
in Mexico   6. no   7. determined, strong, charismatic, friendly, happy
8. both her achievements on the golf course and her personality

Más allá del béisbol, la vida de Roberto Clemente

A   1. 1934   2. in a rural area   3. 36   4. in a plane crash   5. take emergency
supplies to Nicaragua after an earthquake   6. character, determination, and the
elevation of man to myth   7. baseball   8. When you have the opportunity to
change something in this world and you don't do it, you are wasting your time
on this earth.

El ciclismo y la salud

A   1. a lot   2. lungs   3. joints   4. knees   5. stationary   6. handlebars
7. to achieve/to find   8. avoids   9. helmet   10. padding   11. lose weight

B   1. en vez de   2. por supuesto   3. sin embargo   4. Ya que   5. desde, hasta
6. ya sea   7. En suma   8. no, sino

Top 7 de ejercicios que queman muchas calorías

A   1. A manera de   2. mientras que   3. hasta   4. Incluso   5. en consecuencia
6. quiere decir

B   1. burn   2. proven   3. sweat   4. sizes (of clothing)   5. fats   6. tissue

Lo que se necesita para ganar

A   1. por encima de todo   2. pues   3. Hombre   4. además

B   1. a. cuando inicie la postemporada, when the postseason starts   b. cuando salgamos con el balón, when we come out with the ball   2. una vez que entremos en los playoffs, once we've gotten into the play-offs   3. no dejar que esas caídas te afecten, not let these losses affect you   4. no permitir que se presente este tipo de abusos, not allow this kind of abuse to happen   5. para que salgamos rápido, so that when we come out fast   6. cualquier situación o conjunto que tengamos que enfrentar, any situation or team that we have to face   7. el equipo que sea, any team it might be   8. a. era que los niños se mantuvieran unidos, was that kids really have to stick together   b. era... que no dejaran solos a sus compañeros, was... not to leave their classmates out there on their own

C   1. basketball   2. struggling   3. In the play-offs, it's much more intense; you play a lot harder.   4. defense   5. yes   6. making students aware of bullying and what they could do about it   7. yes   8. He won a school essay contest for writing the best essay against bullying in school.

Noticias históricas del béisbol

A   1. batting average   2. a win   3. his compatriot (fellow countryman)   4. home run   5. designated hitter   6. an error   7. an inning

B   1. la segunda base, la tercera base   2. el segunda base, el tercera base

C   1. los Cachorros   2. los Azulejos   3. los Rojos   4. los Medias Rojas   5. los Tigres   6. los Astros   7. los Cardenales   8. los Yanquis   9. los Padres   10. los Medias Blancas   11. los Indios   12. los Vigilantes

D   1. a fence-flyer   2. a forest-guard   3. out-of-the-park home run, outfielder

E   1. el bate, batear, el bateador   2. lanzar   3. la carrera, correr

F   el tablazo, el batazo

G   1. g   2. k   3. i   4. f   5. h   6. b   7. c   8. d   9. a   10. e   11. j   12. o   13. p   14. l   15. m   16. n   17. q   18. s   19. r   20. v   21. w   22. t   23. u

Tres historias

A   1. 1946   2. el uruguayo Nacional, el argentino San Lorenzo   3. los del Nacional   4. San Lorenzo   5. meter goles   6. Martino   7. corrió rápido a la derecha   8. se echaron sobre Pontoni   9. Martino

B   1. 1961   2. Real Madrid, Atlético de Madrid   3. Ferenc Puskas, Real Madrid   4. húngaro   5. porque no había pitado   6. Puskas hizo un gol idéntico al primero.

C   1. 1973, Buenos Aires   2. los Argentinos Juniors, River Plate   3. 10   4. 100   5. "El Veneno"   6. Diego Maradona   7. técnico industrial

El cine y el teatro

Películas hispanas ganadoras al Óscar por Mejor Película de Habla no Inglesa

A   Spain, Argentina, Best Foreign-Language Film

B   1. *La historia oficial, El secreto de sus ojos*   2. Penélope Cruz   3. *Mar adentro*   4. *La historia oficial, Todo sobre mi madre*   5. *Volver a empezar*

Solas

A   1. convivir, to live together   2. malvivir, to live in bad conditions

B   1. the encounter (meeting)   2. failure to meet up, mix-up

C   the hardness or toughness

D   1. la hermosura   2. la gordura   3. sweetness

E   1. la soledad   2. la ciudad   3. la dignidad   4. la calidad   5. la dificultad
6. -dad   7. feminine

F   1. la dirección   2. la televisión   3. la mención   4. la canción
5. la producción   6. -ción/-sión   7. feminine

G   1. ganar, ganador/ganadora   2. perder, perdedor/perdedora   3. iluminar,
iluminador/iluminadora   4. dirigir, director/directora   5. -or/-ora

H   1. tiene vergüenza   2. está embarazada

I   1. see themselves   2. hermit   3. is determined   4. go through
5. environment   6. huge   7. debut   8. dubbing   9. plays the part
10. medium-length film

Todo sobre mi madre

A   *Sustantivos:* 1. sinopsis   2. refrán   3. el presente   4. el futuro   5. hospital
6. línea   7. nota   8. la impresión   9. en memoria de   *Adjetivos:* 1. titulada
2. biológico   *Verbos:* 1. recibió   2. se confunden   3. de que no se separa
4. encontrar   5. lo abandonó   6. resultar   *Adverbios:* 1. totalmente

B   1. abandona   2. oscuridad   3. abandonar, embarazada   4. última
5. a continuación   6. tiene vergüenza   7. una continuación

C   1. movie   2. woman   3. dry   4. piece   5. take away from   6. simple

D   1. even though he didn't know him   2. before you were born
3. before he changed his name

E   1. Oscar for best foreign film   2. Manuela   3. Esteban   4. Esteban
5. Barcelona   6. no   7. *Answers will vary.*

Carlos Saura

A   *Sustantivos:* 1. director   2. corto   3. vanguardia   4. trilogía   5. producción
6. duración   7. la actuación   8. grupo   9. sentimiento   10. música
11. interpretación   12. recurso   *Adjetivos:* 1. extraordinario   2. glamoroso
3. refinado   4. espontáneo   5. impresionante   6. teatral   7. musical
8. en blanco   *Verbos:* 1. mover   2. incluir   3. comenzar   4. expresar
5. capturar   6. representar   7. combinar   *Adverbio:* 1. rápidamente

B   1. lo clásico   2. lo popular   3. lo experimental   4. lo narrativo
5. lo pantomímico

C   1. f   2. g   3. a   4. e   5. d   6. b   7. c

D   desde el atardecer hasta el amanecer

Yo nunca quise ser escritor

A   1. la salida   2. los sucesos   3. El éxito

B   crítico, Criticó, la crítica, la crítica

C   Se estrenó la película en Chile el año pasado.

D 1. The movie will be shown next week. 2. The movie was shown last week.
3. The movie was filmed in Lima.

E 1. He abandoned reporting and writing reviews in order to devote his time
to writing. 2. That's why I got away from writing reviews. 3. And then I
realized that it was just a reviewer's opinion.

F 1. It was when I was finishing school that it occurred to me to write.
2. Don't ever forget that there will always be somebody who will read you
(your work).

G 1. during 2. after 3. during

H 1. overdose 2. rewind it 3. bad news (a shame) 4. mood I'm in

I 1. periodismo amarillo 2. artista-artista

J 1. Chile, writer 2. movie critic, writer 3. *El Mercurio* 4. de Palma,
Truffaut, Spielberg, Woody Allen 5. arty films for intellectual snobs
6. It wasn't perfect, but he's satisfied.

Fundación Arlequín Teatro

A 1. *Willy y nosotros, Abran cancha que aquí viene Don Quijote de la Mancha,
El médico a palos* 2. *Abran cancha que aquí viene Don Quijote de la Mancha*
3. *Willy y nosotros, Abran cancha..., El médico a palos, La casa de Bernarda Alba*
4. *Willy y nosotros, Abran cancha...* 5. *El médico a palos* 6. *Abran cancha...,
El médico a palos* 7. At least since 1983 8. José Luis Ardissone
9. Jorge Krauch 10. *La tierra sin mal*, Augusto Roa Bastos

B 1. interspersed/interwoven/intertwined/combined 2. most important
3. cast 4. comic/carnival-like/burlesque, believers (straight/serious/real)
5. the curtain

El fabricante de deudas

A 1. Obedot and Godofreda 2. badly 3. no 4. giving him all of her savings

B 1. llama 2. ruégale 3. pon 4. corre 5. no olvides 6. arréglate
7. anda 8. diles 9. insiste 10. vuela 11. acude 12. abre 13. inspírales
14. dales

C 1. the order 2. the receipt 3. sols (currency in Perú)

D dinero contante y sonante

E 1. intimidated 2. to cover up 3. open doors, make possible
4. delicious dishes 5. avarice, greed 6. business partner 7. never

F He is probably very fat.

G 1. Es un hombre que vive como rico, pero no tiene dinero. (He's a man
who lives like a rich man, but has no money.) 2. Muy mal (very badly)
3. que llame al señor Obeso y que no olvide el whisky y el champán (to call
Mr. Obeso and not to forget the whisky and the champagne) 4. que vaya
a recoger el pedido de la señora (to pick up his wife's order) 5. el chofer (the
chauffeur) 6. van a hacer una cena elegante (they are having a fancy dinner)
7. el Marqués de Rondavieja 8. siete (seven) 9. a otras tiendas (to other
stores) 10. Godofreda 11. robarle los ahorros a Godofreda (rob Godofreda
of her savings) 12. aparentemente, sí (apparently, yes)

El arte

Museos

A 1. El Museo Histórico de la República, Museo del Hombre 2. Sala Bancatlán
3. Museo Nacional Villaroy, Sala Bancatlán, El Museo de Antropología e Historia
de San Pedro Sula 4. El Museo de Antropología e Historia de San Pedro Sula
5. Sala Bancatlán

El arco iris

A 1. azul 2. verde 3. naranja 4. violeta 5. magenta 6. ocre 7. café
8. rosa 9. gris 10. amarillo 11. blanco 12. negro 13. rojo

El muralismo mexicano

A 1. Mexico's 2. in the late 1920s

B *Nouns:* 1. artista 2. círculo 3. color 4. costumbre 5. década
6. disposición 7. forma 8. gobierno 9. historia 10. idea 11. momento
12. movimiento 13. pintor 14. revolución 15. espacio 16. valor
Adjectives: 1. mural 2. público 3. entusiasmados 4. social 5. común
6. ultraintelectual 7. aristocrático

C 1. vitalidad 2. originalidad 3. creatividad 4. genialidad

D 1. el/la socialista 2. el/la monumentalista 3. el/la cubista
4. el surrealismo 5. el/la expresionista 6. el futurismo 7. el/la impresionista
8. el/la modernista

E 1. decidió 2. declararon 3. captured 4. propagated 5. expressed

F 1. began (was born) 2. brought 3. devoted themselves 4. property
5. objective (goal) 6. emphasize, give greater importance to 7. struggle

G 1. to unite the people by reminding them of the glories of the Revolution
2. Diego Rivera, José Clemente Orozco, David Alfaro Siqueiros 3. art that
belongs to the people (art for the public) 4. their simplicity, vitality, and
originality in capturing the flavor and history of Mexico

Frida Kahlo

A 1. Mexican 2. Diego Rivera

B 1. introspectivamente 2. sociablemente 3. felizmente
4. psicológicamente 5. terriblemente 6. físicamente 7. mentalmente
8. profundamente 9. preponderantemente 10. intensamente

C 1. traumatizada 2. malformada 3. aislado 4. heridos 5. fracturado
6. dislocado 7. divorciada 8. rota

D 1. sensible 2. sensato 3. secuestrar 4. aislada

E 1. July 6, 1907 2. Her father's last name is Hungarian and her mother's
is Spanish. 3. sensitive and introspective 4. poliomyelitis and an accident
5. She wore pants when she was young; later, she wore long Mexican skirts.
6. both wonderful and torturous 7. its intensely human expression

Pablo Picasso

A 1. a painter and sculptor   2. Spain

B 1. *Answers will vary.*   2. *Answers will vary.*

C 1. drawings, paintings, sculptures, lithographs   2. He created over 20,000 works of art.   3. clarity, craziness, grace, passion, passionate anger, arbitrariness, mockery   4. his huge, happy heart

Salvador Dalí

A 1. a painter   2. Spain

B His themes vary from the erotic to the religious.

C the ability to paint extraordinary scenes in the middle of an empty desert, the ability to paint with patience a pear surrounded by the great disturbances of history

D He gives his wife names that remind him of the shape of her face and the color of her skin. He gives her pet names that repeat sounds and syllables. Yes.

E 1. Cataluña   2. his surrealism painted with realistic detail
3. cinematography, commercial projects   4. a big smile

Fernando Botero

A 1. a. breaking out in   b. to begin to do something   2. a. he raises
b. to raise   3. filling   4. hole

B 1. no resiste/no aguanta/no soporta   2. apoya   3. no se resiste a
4. se resiste a aceptar/se niega a aceptar/no quiere aceptar

C 1. Botero lleva mucho tiempo viviendo fuera de su país.   2. Lleva veinte años pintando.   3. Llevamos treinta minutos (media hora) esperándote.

D 1. a pesar de   2. sino   3. sino   4. a pesar de   5. a pesar de

E 1. juega el papel   2. juega un papel   3. escribir un trabajo

F 1. Colombia   2. la gordura   3. el trabajo   4. pobre   5. José Clemente Orozco   6. realidad imaginaria

A la manera de Frida Kahlo

A 1. y una lágrima me ablandaba la silla   2. y se me perdía el mundo
3. o daba vueltas la página   4. o solamente estaba en medio de una habitación inmaculada   5. y la infancia se hundía con camisones sin florcitas y pies rosados   6. mientras mis riñones soltaban charcos de sangre   7. y afuera, en la ventana la plaza aparecía repleta de palomas   8. A veces yo perdía los anteojos

B 1. b   2. g   3. f   4. a   5. e   6. d   7. h   8. c

C 1. The other children were playing a game.   2. her ABCs

Graffiti

A 1. el hermano   2. cuatro   3. lápices de cera   4. Jackson Pollock
5. seguir el rastro del misterio, de lo imposible   6. tres días y tres noches, y la gran parte del cuarto día

La familia

El árbol familiar

A   1. mother-in-law   2. brother-in-law   3. nephew   4. son-in-law
5. granddaughter   6. daughter-in-law   7. brothers (siblings)   8. aunt and uncle
9. parents   10. children (sons and daughters)

B   1. tío   2. tía   3. primos   4. cuñada   5. sobrinos   6. la abuela   7. la suegra

C   1. González   2. María   3. García   4. González   5. yes   6. *Answers will vary.*

La celebración del matrimonio

A   1. Elena and Ricardo   2. religious   3. yes   4. yes

B   1. la concentración   2. celebrar   3. la renunciación   4. conservar
5. separar   6. la reunión

C   1. cuanto puedan   2. nos separe

D   1. la riqueza, rico   2. la pobreza, pobre

E   1. others   2. witnesses   3. support   4. from today on (from this day
forward)

F   1. tanto en tiempo de enfermedad como de salud   2. Puesto que Elena y
Ricardo se han dado el uno al otro por medio de votos solemnes, con la unión de
las manos y con la entrega y recepción de anillos, yo los declaro esposo y esposa,
en el Nombre del Padre, y del Hijo y del Espíritu Santo.

A mi hija Flor de María

A   1. Carlomagno Araya   2. his daughter

B   1. Flor de María   2. one year old   3. walk   4. a doll, a piece of candy
5. adores her

La familia: un invento maravilloso

A   1. yes   2. yes

B   1. miss   2. oppresses or haunts   3. oppressive   4. miss   5. I longed for

C   1. things don't smile at you   2. my mother was like a general
3. Hotel Mom   4. a club of applause (fan club)

D   1. a place of comfort, maybe taken for granted and slightly oppressive
2. an appreciation of and longing for that comfort, and a desire to re-create it
3. an understanding that history will repeat itself, but is hopefully slightly better
with each generation

La familia de Marcela

A   1. no, sino más bien   2. mucho más   3. para que   4. pues   5. por
6. pues   7. claro   8. ya sea   9. pues

B   1. usually   2. attainments or achievements, losses   3. again (history repeats
itself again)   4. at the same time or also   5. suitors   6. a rib

C   sensata, sensible

D   *Answers will vary.*

Un padre

A   1. Mi papá no tenía dinero   2. Había una tienda en la esquina de su casa
3. la sopa era un platillo que nos iba a ayudar a ver mejor   4. Mientras
tomábamos la sopa   5. los ojos nos miraban constantemente   6. se trataba
de una broma

B   1. Una Navidad le pedimos un tren eléctrico.   2. Recogió latas de la basura,
3. las llevó a su estudio,   4. y nos hizo unas armaduras y unas espadas.
5. Mi papá fue a una tienda de prótesis   6. y compró tres pares de ojos de cristal.
7. Preparó una sopa de cenar y nos dijo...   8. le echó los ojos   9. Él jamás soltó
ni siquiera una sonrisa   10. Fue una cena aterradora.

C   1. Era un hombre creativo.   2. Vivía en Nueva York.   3. Lo visitaban sus
hijos durante sus vacaciones.   4. Querían un tren eléctrico.   5. Les regaló unas
armaduras y unas espadas.   6. Sí, fueron los mejores regalos.   7. Puso ojos de
cristal en la sopa.   8. Son muy buenas memorias.

Los abuelos

A   1. fourth graders   2. They are to ask their grandparents to teach them their
childhood games. The children, in turn, will have to teach their grandparents the
games they play.

B   1. c, e   2. b, g   3. a   4. f   5. h   6. d

C   1. pelota   2. travesuras   3. ollas, trastos   4. adivinanza   5. agarrar
6. olla   7. trasto

D   1. choose, count, hide; Hide and Seek   2. circle   3. jacks, grab; Jacks
4. jump rope; Jump Rope   5. spinning top; The Spinning Top

E   1. Hablan con sus abuelos sobre cuando eran niños. (They interview them
about when they were young.)   2. escondidas (hide and seek), la gallina ciega
(the blind hen), la Rueda de San Miguel, el trompo (the spinning top), canicas
(marbles), la cuerda (jump rope), la matatena (jacks), muñecas de trapo (rag
dolls), ollas y trastecitos (pots and utensils)   3. Nintendo, básquetbol, fútbol,
Barbis   4. *Answers will vary.*   5. *Answers will vary.*

Cuentos

A   1. Él y Maribel cenan juntos.   2. a. todo lo bueno   b. lo bueno real
o imaginario

B   1. event/occasion   2. passing   3. it lacks   4. blush, show   5. knot

C   *Story No. 8:*   1. his ex-wife   2. the day they separated   3. every year
4. each gives a monologue   5. no   6. a whole year   *Story No. 10:*   7. the father
8. twenty years   9. to the place he came from   10. the grandmother
11. because she can't forgive him

La primera clase de ballet

A   1. One action (state) was in progress when it was interrupted by another
action.   2. The two actions were going on at the same time.   3. The two actions
were going on at the same time.   4. One event followed the other, without
interruption.   5. The four events were going on at the same time.
6. One action was in process when it was interrupted by another action.
7. One event followed the other, without interruption.   8. The three events
followed in succession, without interruption.   9. The four events followed
in succession, without interruption.

B 1. She was three years old. 2. She was very excited. 3. She was upset and couldn't participate. 4. She was frustrated, but sympathetic. 5. The child still begged for lessons. 6. The teacher made her feel confident, and she participated. 7. The mother and the child were both proud and happy.

El estilo de vida hoy

Persiguiendo el sueño bilingüe

A 1. make sure 2. challenge 3. foster/inculcate 4. immerse oneself 5. scarce 6. silly/foolish 7. move 8. owners 9. it's in your interest 10. I would like

B 1. aprendieran 2. hiciera 3. fuéramos

C 1. ya que 2. Hasta 3. tan pero tan 4. Es más 5. sea lo que sea 6. y sí 7. Ya 8. Aunque

Mi PC

A 1. his girlfriend 2. in his computer 3. her kisses 4. her personality 5. the mouse 6. the mouse 7. her eyes 8. her body 9. her smile and her hair 10. a disk with a little bit of his affection 11. a limousine, a Hugo Boss vest, Cindy Crawford in Berlin, a palace with pagodas, a Burger King, not even a Miró drawing 12. her affection at night

Cristina

A *Nouns:* 1. momento 2. proceso 3. reflexión 4. análisis 5. orientación 6. repercusión 7. decisión 8. acción 9. gloria 10. fama 11. situación 12. consideración 13. alternativa 14. experiencia 15. comprensión *Adjectives:* 1. formidable 2. posible 3. famoso 4. relativo *Verbs:* 1. organizar 2. comunicar 3. preparar 4. garantizar

B 1. feminine 2. la organización 3. la comunicación 4. la preparación

C 1. corriente 2. actual 3. verdadera

D 1. se dedica 2. le dedica

E 1. cambié 2. conté 3. vendí 4. viví 5. aprendí 6. logré 7. abrí 8. preparé 9. bebí 10. tomé

F 1. comencé 2. expliqué 3. llegué 4. garanticé 5. organicé 6. comuniqué 7. alcancé 8. dediqué 9. tracé

G 1. hice 2. tuve

H 1. in the long run 2. will 3. happiness 4. bump 5. mud 6. fear 7. goal 8. to be worthwhile

I 1. no 2. the will 3. young people 4. being rich, famous, having a relative degree of happiness 5. It's full of bumps, thorns, mud, and fear. 6. no 7. yes 8. learn and change 9. her experience, understanding, and love

Oscar de la Renta

A 1. dibujante, illustrator 2. diseñador, designer 3. costurero, fashion designer

B 1. nacimiento, birth 2. sentimiento, feeling 3. conocimiento, knowledge 4. reconocimiento, recognition

C 1. prize/award   2. he left   3. popular/coveted   4. high fashion/couture
5. label   6. has grown

D 1. the Dominican Republic   2. He's a fashion designer.   3. la Academia
de San Fernando in Madrid, Spain   4. Balenciaga, Lanvin, Elizabeth Arden,
Pierre Balmain   5. Signature   6. Pour Lui, Oscar for Men   7. He has built
schools.

Carolina Herrera, qué mujer

A 1. She's a fashion designer.   2. New York   3. women's clothing, perfume,
bridal gowns

B 1. ha triunfado   2. ha sabido   3. siempre ha sido   4. no ha cambiado
5. ¿ha decidido...?   6. ha influido   7. he hecho   8. siempre ha habido

C 1. perfectamente   2. lentamente   3. inexorablemente   4. rotundamente
5. ciegamente   6. profesionalmente   7. claramente   8. exactamente

D 1. quite an empire   2. every designer   3. especially   4. for example
5. more informal every day   6. you couldn't even imagine   7. then

E 1. distance/get away from   2. launches/introduces   3. surround
4. I don't consider it   5. predict   6. It's not a good idea for me   7. to find out
8. at the end of

F 1. elegance without excess   2. no   3. It's a fashion center, and the
Europeans want to be a part of it.   4. no   5. every three months   6. wear them
with their own personal style   7. perfume   8. a little innocent, without too
much makeup

Edward James Olmos: Embajador de la buena voluntad

A 1. Edward James Olmos   2. the United States   3. movie and television actor
4. indigenous communities in El Salvador   5. as a representative of UNICEF
6. yes

B 1. indigenous communities   2. more than thirteen years   3. They give the
children the self-esteem they need in order to be, to grow, and to do everything
in life.   4. There is only one: the human race.   5. his mother   6. a school
to learn the native language   7. the need for native land ownership, the desire
to teach indigenous language and customs to the younger generation, health
and nutrition problems faced by the children   8. hurricane Mitch   9. doing
his best every day   10. at the Radio Station "Atunal"   11. that he would
report what he found to UNICEF, and that he would return to El Salvador
12. Hispanic culture

Un día insólito

A 1. He is a lawyer.   2. at the office   3. Tina   4. stressed out   5. his sister

B 1. avoid   2. trash heap   3. crystal Christmas decorations (bells and reindeer)
4. junk   5. leaving for a trip   6. take the responsibility for

C 1. una montaña de papeles (a mountain of papers)   2. el desorden crecía
a su alrededor amenazando con devorarlo (the disorder grew around him,
threatening to eat him up)

D parece un basural (it looks like a trash heap)

E   1. el Sr. Reeves (Mr. Reeves)   2. desordenada (messy)   3. muy nervioso
(stressed out)   4. su secretaria (his secretary)   5. hacer una declaración,
ir a los tribunales (make a declaration, go to court)   6. su hermana (his sister)
7. su hijo (his son)   8. sus propios hijos y su madre (her own children and her
mother)

La historia y la política

Cronología

A   1. the Mayan   2. almost 800 years   3. the conquest of Granada, the
discovery of the Americas   4. Peru, 300 years   5. Carlos V   6. Santo Domingo
7. 1539   8. four   9. Paraguay, Mexico   10. the war with Napoleon
11. California, Utah, Nevada, and parts of Arizona, New Mexico, Colorado,
and Wyoming   12. the French Emperor of Mexico   13. Alfonso XII
14. as an outcome of the 1898 war with Spain   15. Panama and Cuba became
independent, Mexico had a cultural revolution, the Panama Canal opened
16. the dictatorship of General Francisco Franco   17. 18 years   18. Cuba,
Nicaragua, Chile   19. the reestablishment of democracy, a new constitution
20. the Central American Common Market; the Mercosur Treaty; the North
American Free Trade Agreement; the ALC between Mexico and the European
Union; CAFTA between the United States, the Dominican Republic, Honduras,
Guatemala, El Salvador, and Nicaragua; 2006 trade agreement between Cuba,
Bolivia, and Venezuela   21. Spain, 2005; Mexico, 2009; Argentina, 2010
22. Michelle Bachelet, Chile; Cristina Fernández, Argentina; Laura Chinchilla,
Costa Rica

Simón Bolívar

A   1. confidence   2. honor   3. liberty   4. triumph   5. tyranny   6. ignorance
7. state   8. justice   9. conquistar   10. la conquista   11. to conquer
12. conquest

B   *Answers will vary. Suggested answers follow:*   1. We will achieve peace by
showing confidence. Good faith is not enough; it must be demonstrated, as men
always see much and think too little.   2. Lucky is he who can surpass the
obstacles of war, politics, and public misfortunes and still keep his honor
intact.   3. a. It is far more difficult to maintain the balance of freedom than
to suffer the weight of tyranny.   b. As I love freedom, I have noble and liberal
feelings; and if I tend to be severe, it is only with those who set out to destroy
us.   4. Sacrifice has always been indispensable for triumph.   5. Flee from
a country where only one person is all-powerful; it is a country of slaves.
6. Our disagreements are rooted in the two greatest sources of public calamity:
ignorance and weakness.   7. The art of winning is learned by losing.   8. If one
man were necessary to the survival of a State, that State should not exist; and
in the end it would not exist.   9. It is difficult to be just with those who have
offended us.

Celebrando la independencia

A   *Nouns:* 1. autoridad   2. gabinete   3. capital   4. celebración   5. costumbre
6. documento   7. dominio   8. historia   9. honor   10. independencia
11. momento   12. sesión   13. territorio   14. tradición   *Adjectives:* 1. glorioso
2. importante   3. significativo   4. típico   *Verbs:* 1. celebrar   2. liberar
B   1. personajes   2. tipo   3. reputación   4. personaje

C 1. pride, celebrates, achieved (won)   2. dancers   3. I swear   4. They feel
5. sign   6. attend   7. mass   8. school children, parade   9. get together

D 1. Alto Peru is known today as Bolivia.   2. The Casa de la Independencia
is the place where the document was signed.   3. A session of honor is held.
4. The altar is decorated with images of Bolívar and Sucre.   5. Friends and
family members get together in private homes.   6. Dancing is popular at parties.

E takes place

F 1. August 6   2. Alto Perú   3. La Paz   4. Simón Bolívar   5. in la Casa de
la Independencia   6. the president, his cabinet members, and other important
leaders   7. a Catholic Mass   8. with food and dancing

El Canal de Panamá

A 1. advances   2. slide/slip, canal locks   3. sets of canal locks   4. job/task
5. emerged   6. cargo ship, crossing   7. stage/chapter   8. signed   9. handing
over/delivering   10. toll   11. save, amount   12. weight/displacement of weight

B In Spanish, commas are used for decimals and periods are used to mark
thousands.

C 1. Carlos V, 1524   2. He had directed the building of the Suez Canal,
France   3. disease and financial problems   4. 1903, a treaty was signed
with the United States giving it the authority to build a canal   5. *Ancón*
6. a treaty was signed assuring the return of the canal to Panama, el General
Omar Torrijos Herrera, el presidente Jimmy Carter   7. 20 years   8. $29,000
9. $165,235.58, 36 cents

La pacifista

A 1. Ana Teresa Bernal   2. determined fighter for peace   3. to achieve peace
in Colombia

B 1. vio, ella   2. oyó, ella   3. se prometió, ella   4. tapizaron, los artistas
5. dieron a luz, los artistas   6. lideró, Ana Teresa   7. luchó, ese grupo
8. fueron; una cena, una vuelta a Colombia y cientos de foros   9. perdió,
el movimiento   10. se transformó, el movimiento   11. votaron, 10 millones
de colombianos   12. tuvo, esa bogotana (ella)   13. aprendió, ella   14. se casó,
ella   15. se aburrió, ella   16. volvió, ella   17. se vinculó, ella   18. coqueteó,
ella

C 1. desaparecía bajo las llamas   2. parecía más   3. iban, leía   4. repartía
5. enfurecía   6. enfilaban

D 1. trabajen   2. enseñe   3. viva

E 1. trabajaran   2. enseñara

F 1. apostó   2. aporte, impulsar   3. volantes   4. La convivencia   5. el volante
6. volantes

G 1. begged   2. struggle   3. covered   4. gave birth   5. they founded
6. flames, rescued   7. revive   8. baton   9. leadership   10. grabbed the reins
11. to take charge   12. start over   13. start over   14. gets discouraged
15. use the cape to confuse the bull   16. confront and win over   17. resorting
18. resorting

H   1. la Semana por la Paz   2. el Movimiento por la Vida, la Redepaz,
el Mandato Ciudadano por la Paz, la Juco, Firmes   3. del 8 hasta el 13 de
septiembre   4. hablan de la paz, piensan en cómo hacerles resistencia a los
guerreros, asumen iniciativas ciudadanas para coger las riendas del país
5. la irreverencia, la pasión por lo bello y la forma de cambiar las costumbres
sin recurrir a la violencia   6. delegada en el Comité temático de los diálogos
con las FARC   7. la Red de Iniciativas Ciudadanas por la Paz y contra la Guerra
8. que sean capaces de cambiar el país sin matarse

Mario Vargas Llosa, el político detrás del escritor

A   1. defunct   2. headlined   3. thrashing   4. distanced   5. competition
6. tempered   7. shy away from OR hide   8. conflicts   9. has immersed himself
(literally, has gotten wet)   10. uncovering OR revealing OR laying bare (literally,
denuding)   11. congratulations

B   1. Alberto Fujimori   2. He landed in jail for corruption.   3. Nobel Prize
for Literature   4. He isn't afraid to give his opinions about political matters,
including corrupt regimes.

Ernesto Che Guevara

A   1. nació, (he) was born   2. estudió, (he) studied   3. llevó, (it) led to
4. viajó, he traveled   5. inclinaron, (it) led to   6. conoció, (he) met   7. trabó,
(he) formed   8. se unió, (he) joined   9. desembarcó, (he) got off the boat
10. se convirtió, (he) became   11. mandó, (he) led   12. salieron, (they) left
13. participó, (he) participated   14. entró, (he) entered   15. concedió, (it) gave
16. nombró, (it) named   17. se esforzó, (he) worked hard for   18. representó,
(he) represented   19. denunció, (he) denounced   20. hizo, (it) caused
21. luchó, (he) fought   22. volvió, (he) returned   23. eligió, (he) chose
24. intentó, (he) tried   25. prendió, (it) caught on   26. padeció, (he) suffered
27. fue delatado, (he) was arrested   28. cayó, (he) fell   29. fue herido, (he) was
wounded   30. quisieron, (they) tried   31. se salvó, (it) was saved   32. fueron
localizados, (they) were found   33. fueron enterrados, (they) were buried

B   1. Su militancia izquierdista   2. Múltiples movimientos contestatarios
3. Su inquietud de revolucionario profesional

C   1. sino que   2. sin embargo   3. Dado que   4. por el contrario
5. luego   6. finalmente

Una conversación entre marido y mujer

A   1. Cásate.   2. Quédate tranquila. (tú) / Quedáte tranquila. (vos)

B   1. No abandones a los pobres.   2. No te hagas el gracioso.   3. No dejes que
me olviden.

C   1. Todos estos que andan por aquí lamiéndote los zapatos.   2. Me paso el día
contestando las cartas que te mandan a vos.

D   1. Chinita   2. más de tres mil cartas   3. una beca, ajuares de novia,
juegos de dormitorio   4. muy enferma   5. que no abandone a los pobres
6. los pobres   7. que no deje que la gente la olvide   8. Evita y Juan Perón

Acknowledgments

p. 3
Guía para la buena alimentación: Courtesy of National Dairy Council®.

pp. 18–19
From *Las fiestas de Frida y Diego* by Guadalupe Rivera and Marie-Pierre Colle, copyright © 1994 by Guadalupe Rivera and Marie-Pierre Colle. Used by permission of Clarkson Potter/Publishers, a division of Random House, Inc.

pp. 22–23
From *Como agua para chocolate* by Laura Esquivel, copyright © 1989 by Laura Esquivel. Used by permission of Doubleday, a division of Random House, Inc.

p. 49
From *Cuando era puertorriqueña* by Esmeralda Santiago. Used by permission of Vintage Books, a division of Random House, Inc.

pp. 70–71
www.alhorfordfans.com. The NBA and individual member team identifications reproduced herein are used with permission from NBA Properties, Inc. © 2011 NBA Properties, Inc. All rights reserved.

pp. 101–2 and pp. 223–24
Semana, 27 de agosto de 2001. Authority recognized exclusively to *Semana Magazine*, Colombia.

p. 179
From *¡Cristina!: Confidencias de una rubia* by Cristina Saralegui. Copyright © 1998 by Cristina Saralegui Enterprises, Inc. By permission of Warner Books, Inc.

p. 197
From *El plan infinito* by Isabel Allende.

p. 237
From *Santa Evita* by Tomás Eloy Martínez, copyright © 1996 by Alfred A. Knopf, Inc. Used by permission of Alfred A. Knopf, a division of Random House, Inc.